JENS M

RAUS AUS DER DENK FALLE!

REDLINE | VERLAG

JENS MÖLLER

RAUS AUS DER DENK FALLE!

10 DENKFEHLER, die unseren Fortschritt bremsen und wie wir sie überwinden

Bibliografische Information der Deutschen Nationalbibliothek
Die Deutsche Nationalbibliothek verzeichnet diese Publikation in der Deutschen Nationalbibliografie. Detaillierte bibliografische Daten sind im Internet über https://dnb.de abrufbar.

Für Fragen und Anregungen
info@m-vg.de

Wichtiger Hinweis
Ausschließlich zum Zweck der besseren Lesbarkeit wurde auf eine genderspezifische Schreibweise sowie eine Mehrfachbezeichnung verzichtet. Alle personenbezogenen Bezeichnungen sind somit geschlechtsneutral zu verstehen.

Originalausgabe
1. Auflage 2025

Türkenstraße 89
80799 München
Tel.: 089 651285-0

Redaktion: Christiane Otto
Umschlaggestaltung: Pamela Machleidt
Umschlagabbildung: shutterstock/hlodesigner365
Satz: Daniel Förster
Druck: Florjancic Tisk d.o.o., Slowenien
Printed in the EU

ISBN Print 978-3-69046-004-0
ISBN E-Book (EPUB, Mobi) 978-3-96267-090-0

Wir produzieren nachhaltig
www.m-vg.de

Weitere Informationen zum Verlag finden Sie unter
www.redline-verlag.de
Beachten Sie auch unsere weiteren Verlage unter www.m-vg.de

Für Max

Habe immer den Mut,
deinen Weg zu finden und zu gehen.

Inhalt

Wo kämen wir hin, wenn jeder sagte, wo kämen wir hin, und keiner ginge mal nachsehen, wo man hinkäme, wenn man hinginge.[1]

Kurt Marti

Vorwort

Als ich die ersten Probekapitel von Jens Möllers Buch *Raus aus der Denkfalle!* las, saß ich gerade an einem Ort, der sich die Zukunft extragroß auf die Fahnen geschrieben hatte: Ich war zur Innovationskonferenz SXSW ins texanische Austin gereist. Hier werden Jahr für Jahr die neuesten Digitaltrends und Disruptionen vorgestellt und diskutiert – zwischen glamourösen Filmpremieren und coolen Musik-Acts. Ein guter und inspirierender Ort.

Doch irgendwas fühlte sich damals, im Frühjahr 2025, komisch an. Donald Trump war wenige Wochen vorher zum zweiten Mal als US-Präsident vereidigt worden. Das Land war gespalten wie nie zuvor. Diversität und Inklusion waren per Staatsdekret »out«, und Elon Musk legte gerade seine diamantenbesetzte Kettensäge an Institutionen wie die NASA, USAID und generell den Forschungssektor. Und trotzdem fiel auf der SXSW-Konferenz – einem insgesamt sehr liberalen, inklusiven Ort, an dem Fortschritt und Forschung gefeiert werden – kaum ein politisches Wort. Kein Protest, keine Debatten, keine Solidaritätsbekundungen mit den Forscherinnen und Forschern, die nach dem Wunsch von Donald Trump plötzlich nicht mehr zu Klimawandel oder Geschlechtergerechtigkeit forschen sollten. Es fühlte sich an, als würde die gesamte Konferenz kollektiv den Kopf in den Sand stecken.

Nun ist es so, dass man auf so einer Veranstaltung auch viel in Schlangen steht oder sitzend darauf warten muss, dass irgendwas Innovatives losgeht. Und so fand ich Zeit, das zu lesen, was ich mit der Bitte um Feedback in meiner Mailbox gefunden hatte: die ersten Kapitel dieses Buches. Und siehe da – gleich die erste Denk- und Fortschrittsfalle, die Jens Möller sich vorknöpfte, war der »Vogel-Strauß-Effekt«. Auch die anderen beiden Kapitel, die er mir damals schickte, interessierten mich sofort. Denn ich mag es, über Denkfehler und kognitive Verzerrungen zu lesen – ein bisschen immer in der Hoffnung, ihnen dadurch ein Schnippchen zu schlagen. Auch wenn ich natürlich weiß, dass man vielen Denkfehlern auch dann noch erliegt, wenn man von ihnen weiß. Aber ich finde es auch einfach interessant, dass wir Menschen – so unterschiedlich wir sonst auch sein mögen – oft so berechenbar in haargenau dieselben Fallen tappen.

Umso mehr freue ich mich, dass aus den Probekapiteln, die ich damals auf der SXSW las, nun ein komplettes Buch geworden ist. Denn wir können es gut gebrauchen! Unsere Gegenwart ist durchdrungen von Widersprüchen: Während Algorithmen und Biotechnologie Quantensprünge versprechen, bremsen Skepsis, Perfektionismus oder reine Gewohnheit den dringend nötigen Aufbruch. Jens Möller zeigt, dass hinter dieser Trägheit keine böse Absicht steckt, sondern wiederkehrende kognitive Verzerrungen, die unser Handeln subtil steuern. Er seziert zehn solcher »Denk- und Fortschrittsfallen« – vom erwähnten Vogel-Strauß-Effekt über den Nirwana-Trugschluss bis zum Tocqueville-Effekt – und ordnet sie jeweils in Geschichte, Psychologie und aktuelle Beispiele ein.

Besonders reizvoll finde ich, dass sich Theorie hier nicht in akademischen Fußnoten erschöpft. Jedes Kapitel mündet in das sogenannte PUSH-Modell: Vier aufeinander aufbauende Schritte übersetzen wissenschaftliche Erkenntnisse in alltagstaugliche Übungen. Ob es darum geht, eigene Vermeidungsmuster offenzulegen oder den »Fluch des Wissens« im Team zu entlarven. Die Leserinnen und Leser bekommen ein Werkzeug, das sich unmittelbar erproben lässt.

Wer in Unternehmen, in der Verwaltung oder wie ich als Selbstständiger mit Veränderungs- und Innovationsprozessen ringt, wird den praxisnahen Ansatz schätzen. Gleichzeitig spannt das Buch auch größere Bögen: Es verknüpft klassische Studien der Verhaltensökonomie mit aktuellen Beispielen aus Politik, Tech-Branche und Klimadebatte. So macht Jens Möller etwa deutlich, wie der Naive Realismus Desinformation in sozialen Medien befeuert und Debatten vergiftet. Spätestens hier wird klar, warum dieses Buch mehr ist als ein weiterer Business-Ratgeber: Es ist ein Beitrag zur gesellschaftlichen Resilienz im KI-Zeitalter.

Gleichzeitig verzichtet der Autor auf den belehrenden Tonfall, dem viele Sachbücher und Management-Traktate erliegen; er bleibt neugierig, manchmal selbstkritisch und stellt die Leserinnen und Leser als Mitdenkende ins Zentrum. Natürlich kann kein Buch alle Zukunftsfragen lösen. Doch *Raus aus der Denkfalle!* liefert einen klar strukturierten Kompass, um mentale Blockaden zu erkennen und konkrete erste Schritte einzuleiten. Wer sich auf das Experiment einlässt, wird seine eigenen Denkmuster nicht nur besser verstehen, sondern auch die Dynamiken in Teams, Organisationen und Gesellschaft schärfer wahrnehmen.

Meiner Ansicht nach ist das Buch damit kein weiterer Ratgeber, der nach kurzer Lektüre im Regal verschwindet. Vielmehr kann *Raus aus der Denkfalle!* als ein kompaktes Nachschlagewerk für klareres Denken und mutigeres Handeln dienen. Als Leitfaden, der dabei hilft, in komplexen Zeiten Orientierung zu behalten und Fortschritt aktiv zu gestalten.

Wie gerne würde ich das Buch all denen zu lesen geben, die damals bei meinem SXSW-Besuch Anfang 2025 den Kopf in den Sand steckten und so taten, als sei alles in bester Ordnung. Dafür fehlt nur noch eine englische Übersetzung – und eine Zeitmaschine.

Christoph Koch, Berlin im Juli 2025

1 Eine Reise zurück in die Zukunft

Wir Menschen sind Innovations- und Veränderungsgiganten. Glauben Sie nicht? Dann möchte ich Sie zu einem Gedankenexperiment einladen. Stellen Sie sich vor, das Zeitreisen wäre erfunden worden und wir reisen rund 1,8 Millionen Jahre[2] zurück in die Vergangenheit nach Afrika. Dort treffen wir in der Savanne auf die ersten Exemplare des Frühmenschen *Homo erectus* (dt. *der aufrechte Mensch*). Der *Homo erectus* ähnelte uns bereits in seinen Körpermaßen und Proportionen und gilt als Vorläufer des heutigen Menschen. Er lebte in Gemeinschaften, baute Werkzeuge, ging auf die Jagd und zähmte das Feuer.

Angenommen, es gelänge uns wie durch ein Wunder, dem *Homo erectus* verständlich zu machen, dass sich aus ihm einmal ein Geschöpf namens *Homo sapiens* (dt. *der vernunftbegabte Mensch*) entwickeln wird. Ein Wesen, das Symphonien schreibt, das Weltall erobert, Heilmittel gegen fast alle Krankheiten entwickelt und menschenähnliche Roboter baut. Vermutlich würde er lauthals lachen oder erschrocken davonlaufen. Der ferne Blick in die unfassbar erfolgreiche

Entwicklungsgeschichte und innovative Zukunft des Menschen würde sein ohnehin noch kaum ausgeprägtes Vorstellungsvermögen komplett sprengen.

Dabei spielt gerade dieser *Homo erectus* in der Evolutionsgeschichte des modernen Menschen eine ganz bedeutende Rolle. Forscher glauben, dass er der erste unserer frühen Vorfahren war, der Afrika verließ und sich in der Folgezeit – sozusagen als erster »Weltbürger« – über weite Teile Europas und Asiens ausbreitete. Pioniergeist, Flexibilität, Veränderungswillen und Anpassungsfähigkeit als Schlüssel des menschlichen Fortschritts scheinen also schon seit langer, langer Zeit tief in unserer DNA verankert zu sein.

Dann ist es ja gut – wirklich?

Wunderbar, alles gut. Dann brauchen wir uns heute im Hier und Jetzt ja keine Sorgen mehr zu machen. Tatsächlich? Leider nein. Die ganze Wahrheit ist wie immer deutlich komplexer und widersprüchlicher. Denn auch das genaue Gegenteil trifft zu. Wir Menschen sind notorische Zukunftsbremser. Um das zu erkennen, genügt ein Blick in unsere heutige Zeit. Der Klimawandel, die Digitalisierung, weltweite Konflikte und Kriege, alternde Gesellschaften sowie der wachsende Einfluss künstlicher Intelligenz (KI) erfordern von uns einen gewaltigen Veränderungswillen. Doch was wir erleben, ist oft das genaue Gegenteil: Stillstand oder sogar die Sehnsucht nach einer Rückkehr in die »guten alten Zeiten«. Daran ändern auch anderslautende politische Statements, die besten privaten Absichten oder Modewörter wie »Agilität« und »Transformation« in Unternehmensbroschüren nicht viel. Wir rufen zwar gerne nach großen Veränderungen, möchten sie in Wirklichkeit aber gar nicht haben.

Auch das hat ganz viel mit unseren Vorfahren zu tun. Natürlich ist die Geschichte des Menschen eine Geschichte unglaublicher Entwicklungssprünge, Innovationen und Errungenschaften. Zur ganzen Wahrheit gehört jedoch, dass sich diese tiefgreifenden Entwicklungen bis vor Kurzem noch über unglaublich lange Zeiträume erstreckten. Im Leben der Frühmenschen gab es oft über Tausende von Generationen kaum größere Veränderungen. Bis es unseren frühen Urahnen beispielsweise gelang, aus dem steinernen Faustkeil das nachschärfbare Keilmesser mit nur einer schneidenden Kante zu entwickeln, dauerte es fast 1,7 Millionen Jahre. Auch von den ersten heute nachweisbaren Symbolen der Menschheit[3] bis zur Entwicklung der ersten Schrift durch die Sumerer in Mesopotamien vergingen immerhin rund 115 000 Jahre.[4] Diese und viele weitere Beispiele machen eines deutlich: Die revolutionären Fortschritte unserer Vorfahren waren bei genauerer Betrachtung keine Entwicklungssprünge, sondern »Entwicklungsmarathons«.

Aus alt wird neu – nur unser Gehirn macht nicht mit

All das änderte sich grundlegend erst vor rund 500 Jahren mit dem Beginn der europäischen Renaissance, einer Zeit der Wiederentdeckung und Weiterentwicklung antiken Wissens. Während dieser einflussreichen Epoche ebneten unzählige großartige Erfinder, Entdecker und Erneuerer wie Johannes Gutenberg, Leonardo da Vinci, Christopher Columbus und Martin Luther den Weg in die heutige Moderne. Die Explosion des Wissens und der menschlichen Erfindungen, die zu dieser Zeit entfesselt und später durch vier große industrielle Revolutionen weiter verstärkt wurde[5], hält bis heute an. Allein im Jahr 2022 wurden weltweit knapp 3,5 Millionen neue Patente angemeldet; die Menge der weltweit generierten digitalen Datenmenge, ein Indikator für den geistigen Reichtum einer Zivilisation, lag im selben Jahr bei knapp 105 Zettabyte.[*] Zum Vergleich: Im Jahr 2010 lag diese Datenmenge weltweit gerade einmal bei 2 Zettabyte.[6] Unser Gefühl, dass sich die Welt um uns herum immer schneller wandelt und entwickelt, täuscht also nicht. Wir befinden uns inmitten eines Zeitalters exponentiellen Fortschritts, das unsere Veränderungsbereitschaft jeden Tag aufs Neue auf die Probe stellt.

---

* Auf analogem Papier entspräche nur ein einziges Zettabyte der unfassbaren Zahl von 500 Billiarden beschriebenen Normseiten.

Das große Problem dieser menschheitsgeschichtlich noch sehr jungen Entwicklungen ist, dass die Evolution unseres Gehirns mit all diesen rapiden Veränderungen nicht wirklich Schritt halten konnte. Obwohl die Vermutung naheliegt, dass sich mit der Moderne auch unser Gehirn grundlegend verändert hat, ist das nicht der Fall. Stattdessen verläuft die Entwicklung unseres Gehirns seit vielen Millionen Jahren nach dem Prinzip »Auf alt setz' neu«. Nach dem Zwiebelprinzip wurden im Laufe der Evolution bereits bestehende, uralte Hirnregionen einfach immer wieder mit neuen Schichten überzogen. So thront unser Mittelhirn buchstäblich auf unserem alten Rautenhirn, und über diese beiden Systeme wurde unser Vorderhirn gestülpt. Das Rautenhirn, die älteste Hirnregion, entwickelte sich bereits vor über 550 Millionen Jahren. Es ist für lebenswichtige Funktionen wie die Atmung, den Herzschlag und die Reflexe verantwortlich, die für einen Tyrannosaurus Rex genauso wichtig waren, wie sie es heute für uns Menschen sind. Die darauffolgende Schicht des Mittelhirns koordiniert unsere Sinnesorgane wie Augen und Ohren und steuert unsere motorischen Aktivitäten. Das Vorderhirn, die neueste Entwicklung, ist für Aufgaben wie das Sprechen, Entscheiden und komplexes Denken verantwortlich, steht meist aber unter starkem Einfluss der älteren Hirnregionen.

Genau dieser starke Einfluss ist der Grund, warum wir Menschen die einzige Spezies sind, die so intelligent ist, wohlüberlegte Pläne für die Zukunft zu entwickeln – aber auch so dumm, diese immer wieder für ein kurzfristiges Wohlgefühl über Bord zu werfen. Wir alle kennen das aus unserem Privat- und Berufsleben nur zu gut: Ich möchte mich gesünder ernähren, aber einmal zu McDonald's geht noch. Ich muss mehr Sport machen, aber erst schaue ich mir noch die neue Serie auf Netflix an. Das Weiterbildungsprogramm an den Wochenenden brächte mich beruflich sicher weiter, aber das kann ich auch noch nächstes Jahr machen. Obwohl wir wissen, was gut für uns ist, handeln wir oft nach dem genauen Gegenteil.

All das passiert, weil Programme unseres »Steinzeit-Gehirns« die Planungsprozesse unseres »Neuzeit-Gehirns« torpedieren. Unseren Vorfahren, die als Jäger und Sammler durch die Landschaft zogen und saisonale Lager aufschlugen, war das Hier und Jetzt sehr viel wichtiger als die Zukunft. Vereinfacht formuliert ging es für sie nur darum, immer wieder den Tag zu überleben. Habe ich genug zu essen? Wie schütze ich mich vor wilden Tieren? Wo ist die nächste Wasserquelle? Wann kommt der Winter? Alles, was bei der Beantwortung dieser und anderer Fragen Sicherheit und Stabilität garantierte, war gut, alles Neue und zu viel Veränderung eher schlecht. Vertrautes, von dem keine Gefahr ausging, war unseren Urahnen lieber als Fremdes, das womöglich lebensbedrohlich war. Genau diese Denkweise hat sich bis heute auch in vielen bekannten Sprichwörtern manifestiert. Wohl jeder kennt das Sprichwort »Besser den Spatz in der Hand als die Taube auf dem Dach«.

Superhelden mit gewissen Schwächen

Die genannten Beispiele zeigen, dass es den lange propagierten *Homo oeconomicus* (dt. *der ökonomische Mensch*) – der stets vernünftig und zu seinem besten Nutzen entscheidet – nicht gibt. Auch unsere subjektive Vorstellung, rational und objektiv zu sein, entspricht leider nur selten der Wahrheit. Die Evolution hat uns zwar mit den kognitiven Superkräften ausgestattet, rational sein zu *können*, die fehlerfreie Anwendung dieser Kräfte konnte sie jedoch nicht sicherstellen. Viel zu oft werden unsere Gedanken, Entscheidungen und Handlungen durch Gefühle, Stimmungen, Vorurteile und Irrtümer bestimmt, die so unbewusst ablaufen, dass sie uns gar nicht auffallen. Denn so fähig unser Gehirn zu innovativen Höchstleistungen ist, so anfällig ist es leider auch für Aberglauben, äußere Einflüsse und grobe Fehleinschätzungen.

Das Problem: Viele dieser Denkfallen – die uns alle gleichermaßen betreffen – sind gewaltige Fortschrittsbremsen. Sie sind dafür verantwortlich, dass wir dringend erforderliche Veränderungen in Gesellschaft, Wirtschaft und Politik immer wieder zerreden, verschleppen oder in eine falsche Richtung lenken. Diese kurzsichtigen Verhaltensweisen können wir uns nicht mehr leisten. Wir leben schon lange in keinem beschaulichen Steinzeitdorf mehr, sondern in einer hochkomplexen und vernetzten Welt mit großen globalen Herausforderungen wie der Klimakrise, wachsenden geopolitischen Spannungen oder der zunehmenden Verbreitung von Desinformation.

Die gute Nachricht: Wir können diese Herausforderungen bewältigen. Gelingen wird uns das paradoxerweise aber nur, wenn wir als Menschen ein besseres Verständnis unserer kognitiven Schwächen entwickeln. Bislang haben wir uns leider viel zu wenig mit ihnen auseinandergesetzt. Dadurch haben wir sie und ihre oftmals negativen Auswirkungen als Normalzustand akzeptiert. Das muss sich ändern. Aus diesem Grund lenke ich in meinem Buch den Fokus auf genau diese kognitiven Verzerrungen, Effekte und Denkfallen. Indem wir uns mit ihnen auseinandersetzen, erfahren wir nicht nur mehr über uns, unsere Verhaltensweisen und wie wir sie beeinflussen können, sondern auch über unsere menschliche Natur insgesamt. Gerade im KI-Zeitalter, in dem es im Kern um die Frage gehen wird, was uns Menschen eigentlich von Maschinen, Robotern und Algorithmen unterscheidet, wird genau dieses Wissen von unschätzbarem Wert für uns sein.

Struktur des Buches

Im Zentrum des Buches stehen zehn Denkfallen und psychologische Phänomene, die uns auf unserem Weg in Richtung Fortschritt und persönliche Weiterentwicklung bremsen. Jeder dieser Fortschrittsfallen ist ein eigenes Kapitel gewidmet, in dem die jeweilige kognitive Verzerrung ausführlich beleuchtet und erklärt wird. Alle im Buch beschriebenen Denkfallen sind gleichrangig und müssen in keiner bestimmten Reihenfolge gelesen werden. Sie können also gerne mit dem für Sie interessantesten Kapitel beginnen und sich danach nach vorne, nach hinten oder in Sprüngen durch das Buch arbeiten. Am Ende jedes Kapitels werden die wichtigsten Inhalte noch einmal kurz und knapp zusammengefasst. Darüber hinaus finden Sie Reflexionsfragen, Übungen und Methoden zur jeweiligen Fortschrittsfalle. Diese praxisorientierten Abschnitte folgen dem sogenannten PUSH-Modell©, das ich speziell für den produktiven Umgang mit Denkfallen und kognitiven Verzerrungen entwickelt habe. Das Wort »PUSH« ist ein Akronym und steht für vier aufeinander aufbauende Phasen:

1. **Problembewusstsein schärfen**
   Sie machen sich bewusst, dass Denkfallen existieren und setzen sich mit verborgenen Denkmustern auseinander.
2. **Umfeld erforschen**
   Sie erkunden, wo Ihnen die Denkfalle in Ihrem privaten und beruflichen Umfeld begegnet und welche Auswirkungen das mit sich bringt.
3. **Selbsterkenntnis und produktive Denkweisen fördern**
   Sie erkennen die kognitive Verzerrung bewusst bei sich und anderen und trainieren alternative Denk- und Handlungsweisen.
4. **Handlungsmuster festigen**
   Sie vertiefen Ihre neu gewonnen Erkenntnisse und Denkmuster im Alltag, um eine nachhaltige Veränderung sicherzustellen.

Das Ziel des Modells: Jedes Mal, wenn Sie sich anhand von Fragen, Übungen und Impulsen systematisch mit einer der in diesem Buch vorgestellten Denkfallen auseinandersetzen, bekommen Sie einen spürbaren »Push«: Einen positiven Schub, der Sie zu bewussterem Denken, besseren Entscheidungen und mehr Fortschritt führt.

Abschließend noch ein Tipp: Überlegen Sie direkt beim Lesen jedes Kapitels, in welchen Situationen Ihnen die jeweilige Denkfalle schon einmal begegnet ist und welche Gedanken das in Ihnen auslöst.

2 Die zehn Denk- und Fortschrittsfallen

THIS IS FINE.

2.1 Der Vogel-Strauß-Effekt
Wie wir durch Ignoranz die Zukunft blockieren

»Steck' doch den Kopf nicht in den Sand!« Diesen Ratschlag geben wir gerne anderen Menschen, wenn wir sie dazu ermutigen wollen, bei einem Problem nicht zu zaudern, sondern zu handeln. Das Bild, das wir dabei häufig im Kopf haben, ist das Bild eines Straußes, der bei drohender Gefahr seinen Kopf in den Wüstensand steckt, um sich »unsichtbar« zu machen. Genau dieser Vogel Strauß ist der Namenspate der ersten Denkfalle, um die es hier geht: den *Vogel-Strauß-Effekt*.

Der Vogel-Strauß-Effekt beschreibt eine kognitive Verzerrung, bei der wir versuchen, Probleme zu lösen, indem wir diese ignorieren. Hierbei handelt es sich um eine oft folgenschwere Form der Realitätsverweigerung, bei der wir unangenehme Informationen einfach ausblenden. Getreu dem Motto: »Was ich nicht sehe, gibt es auch nicht.«

Der Effekt wurde erstmals 2003 von israelischen Verhaltensökonomen geprägt (engl. *Ostrich Effect*), um das Verhalten von Anlegern im Finanzbereich zu beschreiben. Im Rahmen einer Studie fanden sie heraus, dass Menschen bei zwei Anlagemöglichkeiten mit vergleichbarem Risikoprofil lieber die Anlage auswählten, bei der sie sich weniger mit negativen Marktinformationen auseinandersetzen mussten. Statt vorteilhaftere Anleihen zu kaufen, bei denen der aktuelle Marktwert samt Kursschwankungen jederzeit sichtbar gewesen wäre, entschieden sich die Anleger für klassische Bankeinlagen mit geringeren Renditen. So erfuhren sie das Anlageergebnis erst am Ende der Laufzeit und mussten sich währenddessen nicht mit potenziellen Wertschwankungen oder beunruhigenden Marktinformationen auseinandersetzen.[7]

Der Vogel-Strauß-Effekt ist in fast allen Lebensbereichen zu finden – in der Arbeitswelt, im Privatleben, im Gesundheitsbereich. Und er ist weiter verbreitet, als es uns bewusst ist. So fand beispielsweise eine medizinische Studie aus Dänemark heraus, dass bis zu 80 Prozent der Menschen, die akute Darmkrebssymptome haben, keinen Arzt aufsuchen.[8] Eine große Umfrage in Großbritannien ergab, dass 90 Prozent der Menschen, die sich große Sorgen um ihre Finanzen machen, kaum einen Blick auf ihre Finanzunterlagen oder Bankkonten werfen.[9] Aus psychologischer Sicht trägt unser Gehirn beim Vogel-Strauß-Effekt einen Konflikt aus: zwischen dem, was rational richtig wäre, und dem, was wir als emotional schmerzhaft empfinden. Wie die vorherigen Beispiele zeigen, gewinnen dabei meistens unsere Emotionen die Oberhand.

Manchmal können wir mit dieser Vogel-Strauß-Taktik sogar Erfolg haben und Probleme verschwinden ohne unser Zutun einfach wieder. In den meisten Fällen bewirkt das passive Ignorieren von Problemen aber das genaue Gegenteil: Die Probleme werden mit der Zeit immer größer und mit ihnen der Aufwand und die Kosten für deren Lösung. Auf individueller Ebene mögen diese negativen Auswirkungen bis zu einem gewissen Grad verschmerzbar sein. Kritisch wird es jedoch, wenn sich der Vogel-Strauß-Effekt zu einem gesellschaftlichen Problem entwickelt. Zum Beispiel, wenn Tausende von Arbeitsplätzen verloren gehen, weil Unternehmen marktverändernde Entwicklungen zu lange ignorieren und stattdessen lieber »business as usual« betreiben. Die Wirtschaftsgeschichte ist buchstäblich voll von Straußeneiern, die sich Unternehmen selbst ins Nest gelegt haben und die zum Niedergang ganzer Produkte, Sparten oder Organisationen führten. Der Fotopionier Kodak unterschätzte die Digitalfotografie und verlor dadurch seine Marktführerschaft. Nokia, einst der weltweit führende Handyhersteller, verpasste den Einstieg in die Smartphone-Ära. Die mehrfach gerettete Kaufhauskette Galeria Karstadt Kaufhof verschlief den Wandel vom traditionellen Warenhaus hin zu einem spezialisierten Erlebniskaufhaus.

Besonders deutlich werden die negativen Auswirkungen des Vogel-Strauß-Effekts auch beim drängendsten Thema unserer Zeit: der Klimakrise. In der Wissenschaft besteht heute weitestgehend Konsens darüber, dass der Klimawandel ein reales, vom Menschen verursachtes Problem ist, das entschiedenes Handeln erfordert, um dessen katastrophale Langzeitfolgen abzuwenden. In der Politik oder bei den Menschen erleben wir bislang jedoch kaum ernsthafte Bestrebungen, etwas gegen diese Klimakrise zu tun. Denn auch hier tanzt der Strauß durch unseren Kopf und sorgt dafür, dass wir all die heute schon offensichtlichen Auswirkungen des Klimawandels wie Temperaturextreme, Wasserknappheit, Artensterben oder Migration ignorieren und uns erfolgreich einreden, das alles sei doch gar nicht so schlimm. Dass uns genau dieses Nichthandeln sehr teuer zu stehen kommt, blenden wir ebenfalls aus. Denn schon heute bezahlen wir für die volkswirtschaftlichen Folgen der Klimakrise in Deutschland mit knapp 7 Milliarden Euro pro Jahr – Tendenz steigend.[10] Trotzdem scheinen wir nach wie vor fest davon überzeugt zu sein, dass Abwarten, Nichtstun und ein neuer Swimmingpool im Garten gute Zukunftsstrategien sind.

Was genau bedeutet all das für uns und unseren Umgang mit dem Vogel-Strauß-Effekt? Grundsätzlich ist es wichtig, zu betonen, dass der Vogel-Strauß-Effekt in den meisten Fällen keine bewusste Entscheidung ist, sondern auf tieferliegenden kognitiven Automatismen basiert. Negative Emotionen, Unsicherheit oder Stress, die wir mit bestimmten Informationen verbinden, führen dazu, dass wir uns vor der Realität verschließen und den »Kopf in den Sand stecken«.

Wie wir gesehen haben, werden Probleme durch genau dieses Verhalten aber nicht wirklich gelöst, sondern sogar weiter verstärkt. Damit genau das nicht passiert, ist es wichtig, ein besonderes Gespür für den Vogel-Strauß-Effekt zu entwickeln. Indem wir den Vogel-Strauß-Effekt bewusst wahrnehmen, hinterfragen und uns unbequemen Wahrheiten stellen, erlangen wir die Fähigkeit, unser Leben proaktiv zu gestalten statt in einer passiven Vermeidungshaltung zu verharren. Dadurch wachsen wir als Persönlichkeiten, Organisationen oder Gesellschaften an genau diesen Herausforderungen und stärken neben unserer Handlungs- und Lösungskompetenz auch unsere Resilienz gegenüber zukünftigen Problemen.

Abschließend noch eine wichtige Anmerkung zum Vogel Strauß, der völlig zu Unrecht als Namensgeber dieser Fortschrittsfalle herhalten muss: Der Strauß steckt seinen Kopf bei Gefahr gar nicht in den Sand. Stattdessen legt er sich in gefährlichen Situationen flach auf den Boden und versucht wie ein unbeteiligter Busch oder Erdhügel auszusehen. Funktioniert das nicht, springt er auf und rennt davon oder beginnt zu kämpfen. Von Verstecken und Ignorieren kann also nicht die Rede sein.

Der Vogel-Strauß-Effekt

Darum geht's

Kognitive Verzerrung, bei der wir versuchen, Probleme zu lösen, indem wir sie einfach ignorieren. Durch diese Vermeidungshaltung werden Probleme aber meist größer, komplexer und dadurch noch schwieriger zu lösen.

Warum es ihn gibt

Wir präferieren naturgemäß positive Informationen und versuchen, negativen oder widersprüchlichen Informationen soweit wie möglich auszuweichen. Ziel dieses oft unbewussten Verhaltens ist es, Unsicherheit, Stress und negative Gefühle zu vermeiden.

Das können Sie konkret tun (PUSH-Modell©)

1. Problembewusstsein schärfen

1. Welche Informationen oder Situationen in meinem Leben versuche ich immer wieder zu ignorieren oder zu meiden?
2. Welche Gefühle lösen diese Themen in mir aus?
3. Welche negativen Folgen könnte mein Verhalten langfristig haben?

2. Umfeld erforschen

Vermeidungsmuster mustern

Werden Sie mindestens drei Tage lang zum Inspektor Ihrer eigenen Vermeidungsmuster. Beobachten Sie bewusst, in welchen Momenten Sie unangenehme Aufgaben, Entscheidungen oder Konflikte ignorieren oder aufschieben (zum Beispiel einen Anruf, einen Arztbesuch oder ein kritisches Gespräch). Notieren Sie sich Ihre Erkenntnisse und beantworten Sie folgende Fragen:

1. Welche unangenehmen Themen meide ich besonders oft?
2. Wie gelingt es mir, diesen Themen auszuweichen (zum Beispiel mit Hilfe von Ausreden, Rechtfertigungen oder Ersatzhandlungen)?
3. In welchem Umfeld passiert mir das besonders oft (zum Beispiel in der Arbeit oder in der Familie)?

Der Strauß im Netzwerk

Unsere sozialen Netzwerke haben sowohl online als auch in der realen Welt einen sehr großen Einfluss auf uns. Beobachten Sie sieben Tage lang aufmerksam, wie Menschen aus Ihrem Umfeld mit unangenehmen Themen und Wahrheiten umgehen – sei es im Job, in der Familie oder unter Freunden. Achten Sie darauf, wie sie dabei vorgehen und welche Strategien sie nutzen – und überlegen Sie, welche Gefühle oder Reaktionen das bei Ihnen auslöst. Fragen Sie sich anschließend, ob Sie vielleicht unbewusst ähnliche Verhaltensweisen übernommen haben, die Ihnen eher schaden als weiterhelfen.

3. Selbsterkenntnis und produktive Denkweisen fördern

Der Dialog der Tiere

Stellen Sie sich vor, in Ihrem Kopf ringen zwei Tiere miteinander: der ängstliche Vogel Strauß und der mutige Löwe. Der Strauß möchte Sie schützen und sagt Dinge wie »Das sollten wir lieber sein lassen« oder »Das hat noch Zeit«. Der Löwe hingegen ermutigt Sie mit Sätzen wie »Die Welt gehört den Mutigen« oder »Leg los!«. Überlegen Sie sich einen kurzen Dialog zwischen diesen beiden Tieren – so, als würden sie miteinander diskutieren. Treffen Sie danach eine Entscheidung:

Welchem der beiden Tiere möchte ich in Zukunft mehr Macht über mein Leben geben?

Worst Case – Best Case – Real Case

Wählen Sie ein aktuelles Problem oder Thema, das Sie bisher lieber vermieden haben, und spielen Sie anschließend drei mögliche Szenarien durch:

1. das schlechteste
2. das beste
3. das realistischste

Schreiben Sie zunächst auf, was im schlimmsten Fall passieren könnte, wenn Sie weiterhin passiv bleiben (**Worst Case**). Denken Sie anschließend an das bestmögliche Ergebnis: Wie würde die ideale Lösung aussehen, wenn Sie aktiv handeln (**Best Case**)? Notieren Sie zum Schluss das Ergebnis, das am wahrscheinlichsten eintreten wird (**Real Case**). Die Szenario-Technik hilft Ihnen, Ihre Situation objektiver zu betrachten, unbegründete Ängste abzubauen und ins Handeln zu kommen.

4. Handlungsmuster festigen

Straußen-Tombola

Schreiben Sie drei bis fünf Ihrer persönlichen Vogel-Strauß-Themen (aus der Übung »Vermeidungsmuster mustern«) auf einzelne Zettel, falten Sie sie und legen Sie sie in eine kleine Schüssel oder Box.

1. Mischen Sie die Zettel und ziehen Sie anschließend, wie bei einer Tombola, blind einen Zettel heraus.
2. Lesen Sie sich Ihr Thema laut vor.
3. Setzen Sie innerhalb der nächsten 24 Stunden bewusst kleine konkrete Schritte zu diesem Thema um (zum Beispiel einen Arzttermin vereinbaren, finanzielle Themen klären, ein schwieriges berufliches Gespräch führen, sich mit KI beschäftigen).
4. Fragen Sie sich nach der Umsetzung: »Wie kann ich sicherstellen, dass ich dieses Thema in Zukunft nicht mehr vermeide?«

Wiederholen Sie das Zettelziehen in den nächsten Wochen bis Sie alle »Lose« bearbeitet haben.

»Tatsachen schafft man nicht dadurch aus der Welt, dass man sie ignoriert.«[11]

Aldous Huxley

2.2 Das Kassandra-Syndrom

Wieso wir Warnungen so oft in den Wind schlagen

Es ist Sonntag, der 14. April 1912, 22 Uhr Bordzeit. Die Passagiere haben zu Abend gegessen, einige vergnügen sich noch in den Salons, andere schlafen bereits in ihren Kabinen. Was die mehr als 1300 Passagiere und knapp 900 Besatzungsmitglieder zu diesem Zeitpunkt nicht wissen: Nur wenige Stunden später werden die meisten von ihnen nicht mehr am Leben sein. Gegen 23:40 Uhr kollidiert ihr Schiff, die RMS Titanic, mit einem riesigen Eisberg und versinkt innerhalb weniger Stunden im eiskalten Meer. Dabei reißt die »Titanic« über 1500 Menschen mit sich in den Tod.

Bis heute gilt der Untergang des »unsinkbaren« Schiffs als eine der größten Tragödien der Seefahrt. Eine Tragödie, die verhindert hätte werden können. Denn bevor es zur tödlichen Kollision kommt, erreichen die Crew der Titanic immer wieder Eisbergwarnungen von anderen Schiffen. Sie alle werden von der Crew und Edward John Smith, dem Kapitän der Titanic, nicht ernst genommen. Selbst als um 23 Uhr die letzte der insgesamt sechs Warnmeldungen von einem naheliegenden Schiff eintrifft, wird sie ignoriert. Mit ungedrosselter Geschwindigkeit fährt die Titanic auf direktem Weg weiter in ihr Verderben. Sie und ihre Passagiere werden tragische Opfer des *Kassandra-Syndroms.*

Der Begriff Kassandra-Syndrom, auch Kassandra-Effekt genannt, stammt aus der Psychologie und beschreibt unsere menschliche Tendenz, Warnungen vor potenziellen Katastrophen oder negativen Ereignissen zu verharmlosen oder zu ignorieren (siehe auch das Kapitel zum *Vogel-Strauß-Effekt*). Diese Warnungen oder Vorhersagen, die auch als »Kassandra-Rufe« bezeichnet werden, finden bei ihren Empfängern kein Gehör, obwohl sie auf plausiblen und nachvollziehbaren Informationen basieren. Beim Kassandra-Syndrom handelt es sich um eine Form von Krisen- und Betriebsblindheit, bei der wir wichtige Warnsignale übersehen, weil wir uns zu sehr auf Nebensächlichkeiten und die unmittelbaren Herausforderungen des Tagesgeschäfts fokussieren.

Das Kassandra-Syndrom hat seinen Ursprung in der berühmten *Ilias* des griechischen Dichters Homer. In seinen mythologischen Geschichten über den Trojanischen Krieg hatte Kassandra, die Tochter des Königs Priamos, die Gabe der Prophezeiung und sagte den bevorstehenden Untergang der Stadt Troja voraus. Der Gott Apoll verfluchte Kassandra jedoch und sorgte dafür, dass niemand ihren Weissagungen Glauben schenkte. All Ihre Wahrheiten waren dazu verdammt, unbeachtet und ungehört zu bleiben.

Auch in unserer modernen Gesellschaft ist das Kassandra-Syndrom nach wie vor ein hochaktuelles Thema – in Politik, Wissenschaft, Bildung und Wirtschaft. Denn auch heute neigen wir dazu, unseren »Kassandras« und »Kassandros«

wenig oder kein Gehör zu schenken. So sah zum Beispiel der amerikanische Investor Michael Burry schon im Jahr 2007 den Crash am US-Immobilienmarkt voraus*, der die globale Finanzkrise 2008 auslöste, aber niemand glaubte ihm. Schon im Jahr 2019 wiesen sowohl Litauen als auch die Ukraine die Bundesregierung darauf hin, Russland könne die hochumstrittene Gaspipeline »Nord Stream 2« als »politische Waffe« einsetzen – ohne Erfolg.[12] In den Tagen vor der verheerenden Flutkatastrophe im Ahrtal 2021 warnten Wissenschaftler und Wetterexperten vor »Überschwemmungen« und »höchsten Niederschlagsmengen«.[13] Auch ihre Mahnungen blieben ungehört.

Die Liste ließe sich noch um viele weitere Beispiele verlängern. Wichtig zu betonen ist: Beim Kassandra-Syndrom geht es nicht nur um große gesellschaftliche Themen oder Krisen. Das Kassandra-Syndrom beherrscht auch unseren Alltag in Unternehmen und Organisationen. Auch dort gibt es moderne Seherinnen und Seher, die Herausforderungen, Fehlentwicklungen und Verbesserungspotenziale frühzeitig erkennen und diese im besten Fall auch ansprechen – wenn sie sich das überhaupt trauen. Gerade weil sie unbequeme Wahrheiten aussprechen, sind sie nicht sonderlich beliebt und werden oft ignoriert. Das ist verrückt! Denn im Kern geht es den meisten dieser Menschen darum, aus einem be-

---

* Michael Burry wurde auch durch das Buch *The Big Short* von Michael Lewis bekannt, das 2015 verfilmt wurde. Im gleichnamigen Film wird der zahlenversessene Michael Burry grandios vom Schauspieler Christian Bale gespielt.

stehenden System heraus den Status quo zum Wohle aller zu verbessern und weiterzuentwickeln – also um Fortschritt.

Ein anderes psychologisches Phänomen auf Seiten der Zuhörer sorgt jedoch dafür, dass diese wertvollen Botschaften trotzdem nicht gehört werden. Dieses Phänomen nennt sich *kognitive Dissonanz** und beschreibt unsere Tendenz, Informationen zu bevorzugen, die unsere bestehenden Überzeugungen und Einstellungen stützen. »Kassandra-Rufe«, die im Widerspruch zu unseren Überzeugungen stehen, empfinden wir als störend und beachten sie daher erst gar nicht. Getreu dem Motto: Es darf nicht sein, was nicht sein soll. Genau diese Ignoranz kann aber – wie wir bereits gesehen haben – zu schwerwiegenden Problemen führen. Vor allem dann, wenn strukturelle oder kritische Herausforderungen übersehen und nicht mit angemessener Aufmerksamkeit behandelt werden. Aus diesem Grund ist es gerade in Organisationen und Unternehmen wichtig, eine Kultur des Vertrauens zu schaffen, in der sowohl konstruktive Kritik als auch andere Meinungen ausdrücklich geschätzt werden und Führungskräfte aktiv Feedback einfordern. Nur so können in Zukunft Warnsignale erkannt und neue Chancen frühzeitig genutzt werden.

---

* Laut Leon Festinger, dem Begründer der Dissonanztheorie, entsteht kognitive Dissonanz immer dann, wenn Menschen Überzeugungen, Werte oder Informationen verarbeiten müssen, die in Widerspruch zu ihrem Selbst- und/oder Weltbild stehen und als unangenehm empfunden werden.

An dieser Stelle sei auch erwähnt, dass es beim Erkennen und Beurteilen des Kassandra-Syndroms gerade nicht darum geht, Verschwörungstheoretikern, Querulanten oder notorischen Nörglern eine Bühne zu bieten und jeder x-beliebigen Kritik oder jedem unbegründeten Alarmismus nachzuspüren. Es geht nicht um die Leute, die am lautesten schreien oder immer im Jammer-Modus unterwegs sind. Es geht um die Menschen, die mit besten Absichten einen sachlich und fachlich fundierten Beitrag zur Weiterentwicklung einer Organisation oder Gesellschaft leisten möchten; um vorausschauende Menschen, die ein starres »Weiter so!« nicht akzeptieren wollen, wenn es auch anders und besser ginge.

Das Kassandra-Syndrom

Darum geht's

Menschliche Tendenz, wichtige Warnungen, Hinweise oder Vorhersagen zu verharmlosen oder zu ignorieren, obwohl sie auf plausiblen und nachvollziehbaren Informationen basieren.

Warum es existiert

Wir neigen dazu, Informationen zu bevorzugen, die unsere persönlichen Werte und Überzeugungen stützen. Informationen, die unser Selbstkonzept oder die soziale Identität einer Gruppe infrage stellen und Unbehagen auslösen, reduzieren oder vermeiden wir.

Das können Sie konkret tun (PUSH-Modell©)

1. Problembewusstsein schärfen

1. Wie reagiere ich typischerweise auf unbequeme Hinweise oder unerwartetes Feedback?
2. Welche Personen in meinem privaten oder beruflichen Umfeld geben mir regelmäßig wertvolle Hinweise, die ich immer wieder ignoriere?
3. Welche inneren Glaubenssätze stehen mir dabei im Weg (zum Beispiel: »Ich weiß es besser«, »Ich lasse mir nichts sagen« oder »Ich brauche keine Hilfe«)?

2. Umfeld erforschen

Kassandra-Charaktere

In jedem Team, jeder Familie oder Freundesgruppe gibt es Menschen, deren Beiträge regelmäßig »überhört« oder abgetan werden – obwohl sie oft wertvolle Gedanken oder Sichtweisen einbringen.

Nehmen Sie sich zehn Minuten Zeit und listen Sie drei Personen aus Ihrem privaten und beruflichen Umfeld auf, bei denen Sie vermuten, dass sie weitaus mehr zu sagen haben, denen jedoch oft nicht ausreichend Gehör geschenkt wird. Überlegen Sie anschließend:

- Warum vertraue ich den Vorschlägen dieser Menschen weniger als anderen?
- Wie könnte ich ihnen mehr Aufmerksamkeit schenken?

»Statusblind«

Oft beurteilen wir Vorschläge nicht nach ihrem Inhalt, sondern (unbewusst) danach, *wer* sie äußert. Den Hinweis einer Führungskraft nehmen wir oft viel »ernster« als den einer Praktikantin, eines Auszubildenden oder einer zurückhaltenden Kollegin.

Machen Sie sich genau das eine Woche lang bewusst. Beobachten Sie aktiv, wie Sie auf Vorschläge, Hinweise oder Kritik unterschiedlicher Personen reagieren. Versuchen Sie, jedem Impuls eine faire Chance zu geben – unabhängig vom Status der Person, die ihn äußert.

3. Selbsterkenntnis und produktive Denkweisen fördern

Perspektivwechsel

Oft lehnen wir wertvolle Hinweise oder Impulse von anderen direkt ab, weil wir aus festgefahrenen Denkmustern heraus reagieren. Um diesen Automatismus zu vermeiden, kann ein bewusster Perspektivwechsel helfen.

Beleuchten Sie den nächsten Hinweis oder Vorschlag, dem Sie skeptisch gegenüberstehen, aus drei Blickwinkeln:

1. Aus der **eigenen Perspektive**:
   Was genau stört mich an diesem Vorschlag?
2. Aus der Perspektive der **vorschlagenden Person**:
   Was genau will sie mit ihrem Vorschlag erreichen oder verbessern?

3. Aus der Perspektive eines **neutralen Beobachters**: Wie würde zum Beispiel ein unbeteiligter Kollege oder eine gute Freundin die Situation beurteilen?

Der gezielte Perspektivwechsel hilft Ihnen dabei, das Potenzial eines Vorschlags besser einschätzen und bewusster entscheiden zu können.

Aktive Anerkennung

Neue Ideen, kritische Hinweise oder unbequeme Wahrheiten zu äußern, braucht Mut – besonders dann, wenn sie unserem gewohnten Denken widersprechen. Genau hier setzt die aktive Anerkennung an: Sie trainiert Ihre Offenheit und stärkt den Mut derjenigen, die Ihnen Denkanstöße geben.

Nehmen Sie sich in Ihrem Alltag vor, mindestens einmal pro Tag aktiv eine Anerkennung an eine Impulsgeberin oder einen Impulsgeber auszusprechen: für einen Gedanken, Vorschlag oder Einwand, der Sie zunächst irritiert, gestört oder einfach nur zum Nachdenken gebracht hat. Sagen Sie in einem Meeting oder privaten Gespräch beispielsweise: *»Danke für deinen Impuls. Er hat mir einen anderen Blick auf die Sache ermöglicht.«* Oder: *»Danke, dass du so offen bist! Lass uns darüber noch einmal ausführlicher sprechen.«*

Auf diese Weise verändern Sie Ihre innere Haltung: weg von reflexartiger Abwehrhaltung und Ignoranz, hin zu echter Neugier auf neue Sichtweisen.

4. Handlungsmuster festigen

Interpretationssache

In vielen Situationen – besonders wenn uns jemand kritisch auf etwas hinweist – interpretieren wir den Impuls vorschnell negativ: *»Der meint wohl, er weiß es besser.«* Oder: *»Die verkompliziert nur alles wieder.«* Diese automatischen Gedanken führen oft direkt zu Ablehnung oder Abwehr.

Immer wenn Sie sich dabei ertappen, dass Sie einen Hinweis oder ein Feedback als Angriff oder persönliche Kritik empfinden, halten Sie kurz inne und fragen Sie sich:

Wie könnte ich diese Situation anders interpretieren?

- **Beispiel 1**: »Der meint wohl, er weiß es besser« könnten Sie in »Sein Engagement zeigt mir, dass ihm das Thema wichtig ist« umdeuten.
- **Beispiel 2**: »Die verkompliziert nur alles wieder« könnten Sie in »Sie denkt an wichtige Details, die ich vielleicht übersehen habe« umformulieren.

Sammeln Sie solche positiven Umdeutungen schriftlich und lesen Sie Ihre Sammlung regelmäßig durch, damit Sie in ähnlichen Situationen darauf zurückgreifen können. So entwickeln Sie eine konstruktive Haltung, die Sie nicht nur resilienter macht, sondern auch Ihre Offenheit für wertvolle Impulse stärkt.

»Wer gewarnt wurde, sollte gewappnet sein.«[14]

Miguel des Cervantes

THE FUTURE IS FASTER THAN YOU THINK
FUTURE
HOMO DEUX
LIFE 3.0
WIRED
INNOVAT

2.3 Der Frankenstein-Komplex
Warum wir keine Angst vor dem Fortschritt haben sollten

Anfang des 19. Jahrhunderts durchlebt England schwere Zeiten. Eine zunehmende Industrialisierung der Baumwollspinnereien führt zu Massenarbeitslosigkeit, und viele Arbeiter fürchten die soziale Verelendung. Unter dem Eindruck dieser Ereignisse entsteht im Jahr 1811 die Bewegung der sogenannten »Maschinenstürmer«*, eine Protestbewegung englischer Arbeiter, die gegen die Verschlechterung ihrer Lebensbedingungen durch die erste industrielle Revolution kämpft. Im Zuge dieses Protests dringen die Arbeiter immer wieder in Textilfabriken ein und zerstören dabei gezielt mechanische Webstühle und andere Maschinen. Wenige Jahre später wird die Bewegung blutig niedergeschlagen und »Maschinenstürmerei« zum Kapitalverbrechen erklärt. Sicher auch unter dem Eindruck dieser bedeutenden Ereignisse schreibt die britische Autorin Mary Shelley mit *Frankenstein* fast zeitgleich einen der ersten Horror- und Science-Fiction-Romane der Literaturgeschichte. Genau dieses Buch ist Grundlage für das psychologische Phänomen, um das es in diesem Kapitel geht: den *Frankenstein-Komplex*.

---

* Diese werden in England auch als »Ludditen« beziehungsweise »Luddites« bezeichnet. Wahrscheinlich wurden sie nach dem Weber Ned Ludd oder »Ludlam« benannt, der sich seinem Vater (oder Meister) widersetzte und in dessen Strumpffabrik aus Protest Strickrahmen zerbrach.

Der Frankenstein-Komplex, auch bekannt als Frankenstein-Syndrom, ist ein Begriff für unsere menschliche Angst vor künstlich erschaffenen Wesen oder fortschrittlichen Technologien. Er beschreibt unsere individuelle oder gesellschaftliche Furcht, technische Schöpfungen könnten sich nach ihrer Entwicklung gegen uns wenden und uns in unserer Existenz bedrohen. Der Frankenstein-Komplex führt dazu, dass wir Menschen innovative Forschung und neue Technologien oft ausbremsen oder sogar aktiv bekämpfen.

Geprägt wurde der Frankenstein-Komplex durch den weltbekannten Sciene-Fiction-Autor Isaac Asimov.* In seinem berühmten und später von Hollywood adaptierten Roman *I, Robot* übernimmt Asimov den Begriff von Mary Shelley, um damit die menschliche Angst vor humanoiden Robotern zu beschreiben. Dabei bezieht er sich ganz konkret auf Shelleys Roman, der die menschliche Angst vor künstlichen Schöpfungen zum ersten Mal offen und radikal thematisiert. In der Erzählung geht es um den gleichnamigen jungen Wissenschaftler Victor Frankenstein, der davon besessen ist, künstliches Leben zu schaffen, was ihm auch gelingt. Die von Frankenstein geschaffene Kreatur, die auch als »Frankensteins Monster« bezeichnet wird, wendet sich am Ende jedoch gegen ihn und tötet sogar ihm nahestehende Menschen.

* Isaac Asimov formulierte in seinen Werken auch seine drei »Robotergesetze«. Die Gesetze sind theoretische Richtlinien, die von Asimov entwickelt wurden, um das Verhalten von Robotern in der Mensch-Roboter-Interaktion zu regulieren.

Die menschliche Angst vor technischen Entwicklungen und Neuerungen war und ist bis heute ein ständiger Begleiter des modernen Fortschritts. Als Paul Daimler, Sohn des Automobilpioniers Gottfried Daimler, im Jahr 1885 zum ersten Mal mit einem Motorrad von Bad Cannstatt nach Untertürkheim fährt, beschimpfen ihn Passanten als »reitenden Teufel«, bedrohen ihn und schreien ihm »Höllenmaschine« hinterher.[15] Kurz vor Beginn der 1920er-Jahre verkündet der deutsche Philosoph Oswald Spengler den »Untergang des Abendlandes«, weil aufgrund beherrschender Technik keine kulturellen Leistungen mehr möglich seien.[16] Im Jahr 1978 zeigt das Magazin *Der Spiegel* auf seinem Titelbild einen übergroßen Roboter, der einen Arbeiter packt und titelt: »Die Computer-Revolution – Fortschritt macht arbeitslos.«[17] Ende 2018 berichtet die *New York Times* von dutzenden Angriffen auf selbstfahrende Autos in Arizona – mit Steinen, Messern und sogar Revolvern.[18] Allein diese wenigen Beispiele zeigen, dass die menschliche Angst vor technischen Neuerungen bis heute aktuell ist. Dabei sind all diese Ängste und der damit verbundene Zukunftspessimismus meist völlig unbegründet, ja sogar falsch. In Wahrheit geht es uns – gerade wegen des technischen Fortschritts – weltweit immer besser.

An dieser Tatsache ändert auch das »Aber«, das viele von Ihnen am Ende des vorigen Abschnitts gedacht haben, nichts. Wer seine diffusen Gefühle beiseitelässt und einen genauen Blick auf die Statistiken großer internationaler Organisationen und Institute* wirft, erkennt: Trotz aktueller Missstände und Rückschläge entwickelt sich unsere Welt beständig zum Besseren. Immer mehr Menschen auf der Welt haben Zugang zu sauberem Trinkwasser und Elektrizität.[19] Der Anteil der Menschen in extremer Armut befindet sich auf einem historischen Tiefstand – auch, weil die Zahl der Menschen in Beschäftigung weltweit so hoch ist wie niemals zuvor.[20] Die Erzählung vom technischen Fortschritt als »Jobkiller« stimmt insgesamt gesehen also nicht. Zweifellos sind neue Technologien wie KI dafür verantwortlich, dass bestimmte Jobs mittelfristig verlagert werden oder sogar verloren gehen. Langfristig entstehen durch neue Technologien aber auch viele neue Tätigkeiten, Berufe und Arbeitsfelder. Das liegt daran, dass es im Kern jeder Arbeit darum geht, Probleme zu lösen, und die Probleme werden uns als Menschheit sicher auch in Zukunft nicht ausgehen – im Gegenteil. Führende Forschungsinstitute sind heute schon optimistisch, dass auch durch KI weltweit am Ende mehr neue Jobs entstehen werden, als verloren gehen.** Trotzdem liegt Frankensteins Monster nach wie vor unter unserem Bett und redet uns ein, dass »alles immer schlimmer wird«.

---

* Exemplarisch seien hier die Statistiken der Vereinten Nationen und die Webseite »Our world in data« von Wissenschaftlern der University of Oxford genannt, die detaillierte Zahlen, Daten und Fakten über den aktuellen Zustand und die Entwicklung der Welt liefern.

** Exemplarisch sei hier die Studie »Generative AI and jobs: A global analysis of potential effects on job quantity and quality« der International Labour Organization (ILO) genannt.

Dass wir das tatsächlich glauben, liegt daran, dass unser Gehirn gegenwärtigen Ängsten und mulmigen Gefühlen höhere Bedeutung beimisst als dem langfristigen positiven Fortschritt. Gerade deshalb ist es unglaublich wichtig, uns immer wieder daran zu erinnern, dass dieses Monster unter unserem Bett unserer Fantasie entsprungen ist und gar nicht existiert. Erst dann können wir unseren Blick auf die vielen positiven Entwicklungen und Neuigkeiten lenken, die uns ansonsten verborgen bleiben. Menschen, die immer nur auf die Apokalypse warten, werden pessimistisch, passiv und verbessern: rein gar nichts. Ein kollektiver Frankenstein-Komplex ist eine gewaltige Fortschrittsbremse, die am Ende zu weniger Forschung, Investitionen, Akzeptanz, Toleranz und Veränderungsbereitschaft führt.

Das bedeutet im Umkehrschluss nicht, dass wir alles Neue immer gut finden und blind übernehmen müssen. Natürlich ist es wichtig, unseren Blick auch auf das zu richten, was noch nicht gut ist, damit wir es besser machen können. Es geht um einen ausgewogenen Ansatz, der berechtigte ethische und sicherheitsrelevante Bedenken berücksichtigt, gleichzeitig aber auch unsere Innovationsfähigkeit und den Fortschritt fördert. Wenn es um die positive Gestaltung der Zukunft geht, ist dieser Weg der Mitte auf jeden Fall ein besserer Ratgeber als die auf diffusen Informationen und Gefühlen basierende Angst vor dem vermeintlichen Untergang.

Der Frankenstein-Komplex

Darum geht's

Der Frankenstein-Komplex beschreibt unsere irrationale Angst vor künstlich erschaffenen Wesen oder fortschrittlichen Technologien. Sie führt dazu, dass wir innovative Forschung und neue Technologien ablehnen, behindern oder sogar bekämpfen.

Warum es ihn gibt

Unwissenheit, Unsicherheit, die Angst vor Kontrollverlust und selektive Wahrnehmung sorgen dafür, dass wir zukunftsweisende Technologien und Entwicklungen viel kritischer einschätzen, als sie es tatsächlich sind. Negative Aspekte werden überbetont, während positive Aspekte heruntergespielt werden.

Das können Sie konkret tun (PUSH-Modell©)

1. Problembewusstsein schärfen

1. Welche spontanen Gedanken, Bilder oder Emotionen lösen Zukunftstechnologien wie künstliche Intelligenz, Robotik oder Gentechnik in mir aus?
2. Wann habe ich zuletzt »Nein« zu einer neuen Idee oder Technologie gesagt – und was genau hat diesen Widerstand in mir hervorgerufen?
3. Welche Sprache verwende ich, wenn ich über neue technologische Entwicklungen oder Zukunftsthemen

spreche? Nutze ich eher positive oder negative Formulierungen?

2. Umfeld erforschen

Trigger-Themen

Listen Sie drei neue Technologien oder Zukunftsthemen auf, die Ihnen Unbehagen bereiten. Überlegen Sie anschließend, welche Ihrer Vorstellungen auf konkreten Erfahrungen basieren – und welche eher auf Spekulationen, Ängsten oder Meinungen aus Ihrem Umfeld. Denken Sie ebenfalls darüber nach, welche Rolle Medienberichte, Filme oder soziale Netzwerke hierbei spielen könnten.

Familienangelegenheiten

Sprechen Sie mit mindestens einem Eltern- oder Großelternteil über ihren persönlichen Umgang mit technischen Neuerungen in der Vergangenheit. Fragen Sie sie, an welche Technologien sie sich erinnern, die damals Ängste, Zweifel oder gesellschaftliche Kontroversen ausgelöst haben. Bitten Sie sie, zu erzählen, wie sie diese Entwicklungen miterlebt haben, was ihnen daran Unbehagen bereitete und ob sich ihre Einstellung dazu im Laufe der Zeit verändert hat.

- Notieren Sie alle Aussagen, Anekdoten oder Sorgen, die sie besonders spannend oder aufschlussreich finden.
- Welche Parallelen entdecken Sie zu heutigen Reaktionen auf neue Technologien wie künstliche Intelligenz, autonomes Fahren und so weiter?

3. Selbsterkenntnis und produktive Denkweisen fördern

Die persönliche Fortschrittsbiografie

Nehmen Sie sich einen Moment Zeit und erinnern Sie sich an einen allzeit präsenten Begleiter Ihres eigenen Lebens: den technologischen Fortschritt. Welche tiefgreifenden Innovationen – wie das Internet, das Smartphone, das Smart Home oder KI-Tools wie ChatGPT – haben Sie im Laufe der Jahre schon kennengelernt? Gab es Entwicklungen, denen Sie anfangs skeptisch oder sogar ablehnend gegenüberstanden? Welche davon sind heute zu einem selbstverständlichen Teil Ihres Alltags geworden?

Erstellen Sie eine persönliche Zeitleiste Ihres Lebens. Tragen Sie ein, wann welche Technologien Einzug in Ihr Leben hielten. Fragen Sie sich dabei:

- Was habe ich damals über diese Neuerung gedacht oder gefühlt?
- Wie denke ich heute darüber?

Dankbarkeitstagebuch – einmal anders

Nehmen Sie sich eine Woche lang jeden Abend ein paar Minuten Zeit, um bewusst wahrzunehmen, wie Technologie Ihren Alltag bereichert. Starten Sie dafür eine spezielle Art von Dankbarkeitstagebuch.

1. Notieren Sie darin täglich bis zu drei konkrete Situationen, in denen Ihnen technologische Entwicklungen geholfen, den Alltag erleichtert oder neue Möglichkeiten eröffnet haben (zum Beispiel eine

nützliche App, ein digitales Tool oder ein medizinisches Gerät).

2. Achten Sie dabei auch auf die vermeintlichen kleinen Dinge, die so selbstverständlich geworden sind, dass Sie sie kaum noch wahrnehmen.
3. Reflektieren Sie kurz am Ende jedes Eintrags: Welche positiven Auswirkungen hatten diese Entwicklungen auf meinen Tag?

4. Handlungsmuster festigen

Vorne dabei statt hinten dran

Ergreifen Sie aktiv die Chance, sich am technologischen Fortschritt in Ihrem Unternehmen oder am Arbeitsplatz zu beteiligen. Überlegen Sie, wie Sie konkret mitwirken können – etwa durch die Teilnahme an Vorabtests neuer firmeninterner Software, durch konstruktives Feedback zu digitalen Kommunikationstools oder durch den Austausch mit Kolleginnen und Kollegen zu (geplanten) technischen Neuerungen. Indem Sie sich vom passiven Nutzer zum aktiven Mitgestalter entwickeln, gewinnen Sie nicht nur mehr Verständnis und Sicherheit im Umgang mit neuen Technologien, sondern tragen auch direkt zur Verbesserung Ihrer Arbeitsabläufe bei.

»Ich habe keine Angst vor Computern – sondern davor, keine zu haben.«[21]

Isaac Asimov

2.4 Der Nirwana-Trugschluss
Warum das Perfekte der Feind des Guten ist

Wir schreiben das Jahr 1991. Eine Rockband, die neu und anders ist, erscheint über Nacht auf der Bildfläche. Mit ihrem zweiten Album *Nevermind* und ihrer ersten Single-Auskopplung »Smells Like Teen Spirit« verändern sie die Musikwelt und prägen eine völlig neue Musikrichtung: den Grunge. Die Rede ist von der amerikanischen Band Nirvana mit ihrem charismatischen Sänger Kurt Cobain. Nirvanas Musik ist direkt, einfach und ungeschliffen – und gerade deshalb extrem erfolgreich. Damit steht die Band im krassen Gegensatz zu den glattpolierten und perfekt gestylten Rockbands der 1980er-Jahre, die mit dem Aufstieg Nirvanas und anderer Grunge-Bands wenig später in der Bedeutungslosigkeit verschwinden werden. Obwohl die Vermutung naheliegt, ist der Name der hier besprochenen Denkfalle nicht auf die Band zurückzuführen. Trotzdem passen Nirvana aufgrund ihrer Vorliebe für das »Unperfekte« wunderbar zum sogenannten *Nirwana-Trugschluss.*

Der Nirwana-Trugschluss, auch »Trugschluss der perfekten Lösung« genannt, basiert auf einer fehlerhaften Logik und Argumentation. Er tritt immer dann auf, wenn wir eine eigentlich sinnvolle Lösung oder Alternative voreilig ablehnen, weil sie nicht perfekt ist. Das passiert selbst dann, wenn die bevorzugte, scheinbar perfekte Lösung als unrealistisch oder nicht durchführbar gilt. Dabei werden wir Opfer einer kognitiven Verzerrung, die sich *Wunschdenken* nennt. Denn die EINE perfekte Lösung, die sämtliche Anforderungen erfüllt, alle bekannten und potenziellen Probleme löst und keinerlei negative Auswirkungen hat, gibt es schlicht nicht. Die meisten unserer menschlichen Probleme beinhalten eine Vielzahl von Variablen, die miteinander konkurrieren, sich widersprechen oder unberechenbar sind. Daher lassen sie sich auch immer auf viele unterschiedliche Weisen lösen.

Inspiriert wurde der Begriff Nirwana-Trugschluss (engl. *Nirvana Fallacy*) durch die Arbeiten des US-Ökonomen Harold Demsetz. Während seiner Forschungen zur Politikgestaltung fand er heraus, dass vielversprechende staatliche Eingriffe häufig mit dem Verweis auf vermeintlich bessere Ideallösungen abgelehnt werden, die sich in der Folge jedoch als unrealistisch oder gar nicht umsetzbar erweisen. Aus diesem Grund plädierte Demsetz dafür, bei wirtschaftlichen und politischen Herausforderungen nicht auf einen »Nirwana-Ansatz«, sondern auf marktorientierte und pragmatische Lösungen zu setzen. Damit spielte er auf das buddhistische Konzept des Nirwana an, das einen Zustand vollständiger Glückseligkeit und Befreiung von Leid beschreibt – einen paradiesischen Idealzustand also.

Der Nirwana-Trugschluss begegnet uns jeden Tag. Egal, ob in der Familie, bei der Arbeit, in der Politik oder in den sozialen Netzwerken: Überall treffen wir Menschen, die immer etwas zu kritisieren haben, Nachteile entdecken und zu wissen glauben, wie es viel »besser« ginge. Auf den ersten Blick mag das harmlos erscheinen, bei genauerem Hinsehen bergen die Fehleinschätzungen des Nirwana-Trugschlusses jedoch eine Menge Sprengkraft. Das ist beispielsweise der Fall, wenn Menschen glauben, medizinische Masken seien nutzlos, da sie den Träger und andere nicht zu 100 Prozent vor Infektionskrankheiten schützen. Das ist unsinnig. Natürlich bieten Masken keinen vollständigen Schutz, aber ein gewisser Schutz – und mag er noch so gering sein – ist eben besser als gar keiner. Auf politischer Ebene gibt es Parteien, die nahezu jede Maßnahme einer Regierung für nachteilig und falsch erklären, selbst aber keinerlei konstruktive oder realisierbare Lösungen zu bieten haben. Das ist populistisch. Denn auch wenn eine vorgeschlagene Lösung möglicherweise nicht perfekt ist, heißt das nicht zwingend, dass sie unwirksam oder falsch ist. Immer gleich etwas für schlecht zu erklären, weil man nur die Nachteile, nicht aber auch die Vorteile sehen möchte, ist weder konstruktiv noch hilfreich. Auch im privaten Bereich ist der Nirwana-Trugschluss allgegenwärtig. Zum Beispiel, wenn Jugendliche in sozialen Netzwerken wie Instagram oder TikTok permanent Menschen mit perfekt inszenierten Körpern, Berufen und Lebensmodellen sehen und nach genau diesen unrealistischen Idealen streben. Das ist problematisch. Wer sich ständig mit verzerrten (digitalen) Vorbildern vergleicht, kann im realen Leben nur frustriert, unglücklich und sogar krank werden.[22] Im Vergleich mit dem Paradies ist eben jede noch so gute Alternative unattraktiv.

Das gilt im Übrigen auch für Unternehmen, deren Führungskräfte vielversprechende erste Ideen ihrer Mitarbeiterinnen und Mitarbeitern mit bereits erfolgreichen Lösungen aus dem Silicon Valley vergleichen und direkt verwerfen, weil sie nicht »disruptiv« genug seien. Das Problem: Genau diese verzerrte Denkweise fördert in Wahrheit keine Innovationen, sondern Stillstand und Frust. Auch bei wohlklingenden Unternehmensleitbildern à la »Durch Innovationen und nachhaltiges Handeln gestalten wir eine lebenswerte Zukunft« ist besondere Vorsicht geboten. Sie entfalten nur dann eine Wirkung, wenn sie ein wirklich realistisches Idealbild der Unternehmenszukunft zeichnen und es anschließend in konkrete Ziele und Schritte übersetzen. Denn der schwierigste Teil eines Wandels ist immer die Umsetzung der Einzelheiten und Details, nicht das große idealisierte Ganze.

Grundsätzlich ist es jedoch auch wichtig zu verstehen, dass nicht alle Qualitätsanforderungen zwangsläufig Nirwana-Trugschlüsse sind. Es gibt einige Bereiche, in denen ein gewisses Maß an Perfektion unumgänglich ist. Ich denke, niemand von uns möchte in einem Haus leben, das keine nachweislich stabile Statik hat, oder in einem Flugzeug fliegen, das nicht regelmäßig optimal gewartet wurde. In diesen Fällen wäre es sicher unklug, gewisse »Nachteile« in Kauf zu nehmen. Ebenso kurzsichtig wäre es, jede erstbeste Lösungsidee sofort für sinnvoll und nützlich zu erklären, nur weil sie den ein oder anderen positiven Aspekt vorweisen kann. Vor der endgültigen Entscheidung für oder gegen eine bestimmte

Lösung macht es also Sinn, zuerst konstruktiv und lösungsoffen nach besseren Alternativen zu suchen. Auf dem sicheren Weg in Richtung Nirwana-Trugschluss befinden wir uns nur dann, wenn wir gute praktikable Lösungen wegen gewisser Nachteile vorschnell ablehnen, gleichzeitig aber nicht vorwärtskommen, weil wir uns auf unrealistische Alternativen fokussieren.

Um genau diesen Stillstand zu vermeiden, hilft uns die Erkenntnis, dass absolute Perfektion nicht erreichbar und meistens auch nicht zwingend erforderlich ist. Leute, die immer nach dem »großen Wurf« rufen, haben oft weder eine konkrete Vorstellung davon, wie dieser genau aussehen noch wie er erreicht werden soll. Aus diesem Grund sollten wir unseren Blick lieber auf greifbare, realistische Ziele lenken, die schnelle Erfolge bringen und auf denen sich aufbauen lässt. Denn viel schlimmer als Schritt für Schritt in eine richtige Richtung zu gehen und gegebenenfalls Korrekturen vorzunehmen, ist es, gar nicht erst zu starten, weil man permanent an der perfekten Lösung bastelt. Die Band Nirvana hat es uns vorgemacht: Um die Welt zu verändern braucht es keine Perfektion, sondern vor allem eines: Entschlossenheit.

Der Nirwana-Trugschluss

Darum geht's

Beim Nirwana-Trugschluss wird eine wirksame Idee, Handlung oder Lösung abgelehnt und nicht umgesetzt, weil sie mit unrealistischen, idealisierten Alternativen verglichen wird. Diese Denkfalle führt oft zu Stillstand, da praktikable Fortschritte blockiert werden, während die vermeintlich perfekte Lösung gleichzeitig unerreichbar bleibt.

Warum es ihn gibt

Unser Streben nach Perfektion, Schwarz-Weiß-Denken und fehlende Kompromissbereitschaft sorgen dafür, dass wir reale, aber unvollkommene Lösungen viel zu kritisch beurteilen und ablehnen. Unser Wunsch nach einfachen und idealisierten Lösungen ist so groß, dass wir lieber gar nicht handeln, als eine praktikable, aber nicht perfekte Lösung zu wählen.

Das können Sie konkret tun (PUSH-Modell©)

1. Problembewusstsein schärfen

1. Welches meiner aktuellen Probleme bleibt ungelöst, weil ich auf der Suche nach einer Ideallösung bin?
2. Wie oft warte ich auf den »perfekten Moment«, um etwas zu beginnen?
3. Inwieweit konzentriere ich mich bei neuen Ideen und Lösungen eher auf die Risiken oder auf die Chancen?

2. Umfeld erforschen

Der »Nirwana-Detektor«

Verfolgen Sie eine Woche lang aufmerksam politische Talkshows, private Diskussionen und berufliche Meetings. Wie oft werden in den von Ihnen beobachteten Gesprächen machbare Lösungen abgelehnt und notwendiges Handeln vermieden, weil sie nicht direkt alle identifizierten Probleme lösen?

Killerphrasen finden

Achten Sie auf bestimmte Signalwörter und Phrasen, die in diesem Zusammenhang mit dem Nirwana-Trugschluss immer wieder fallen: zum Beispiel »Das funktioniert sowieso nicht«, »Ganz oder gar nicht« oder »Was können wir da schon machen?«. Erstellen Sie eine Liste dieser typischen Formulierungen.

3. Selbsterkenntnis und produktive Denkweisen fördern

Den Nirwana-Trugschluss enttarnen

Achten Sie in Gesprächen, Meetings und Workshops auf Signalwörter (Ihrer frisch angelegten Liste 😉), die auf den Nirwana-Trugschluss hindeuten. Fällt eines dieser Wörter oder Argumente, benennen Sie die Denkfalle und erläutern Sie Ihrem Gegenüber konstruktiv, warum das problematisch ist. Lenken Sie die Aufmerksamkeit aller Beteiligten anschließend von der nicht erreichbaren »Ideallösung« auf pragmatische und realistische Umsetzungsschritte.

Abstand gewinnen

Im hektischen Alltag treffen wir viele Entscheidungen oft unbewusst und tappen – trotz bester Vorsätze – schnell wieder in die Nirwana-Falle. Wir setzen uns bei einer Aufgabe oder Entscheidung unter Druck, weil wir alle denkbaren Fehler ausschließen und die bestmögliche Lösung erreichen möchten.

Machen Sie, wenn Sie sich das nächste Mal in einer solchen Situation befinden, bewusst eine Pause, um Abstand zu gewinnen. Stellen Sie sich dann folgende drei Fragen:

1. Was würde passieren, wenn ich nur 80 oder sogar nur 60 Prozent der Lösung realisiere?
2. Was wäre der erste konkrete Schritt, den ich jetzt tun kann, um direkt voranzukommen?
3. Wie würde ein ergebnisorientierter Pragmatiker aus meinem Umfeld (Freund, Kollegin, Führungskraft) mit dieser Herausforderung umgehen?

Bauen Sie diese »Nachdenkpausen« regelmäßig in Ihren Alltag ein, um den Nirwana-Trugschluss gezielt aufzuspüren und ins Handeln zu kommen.

4. Handlungsmuster festigen

80/20 statt 100

Wählen Sie ein Projekt, das Sie schon länger vor sich herschieben, weil Ihnen noch nicht alle Bedingungen optimal erscheinen. Betrachten Sie Ihr Projekt anschließend durch die »Pareto-Brille«. Das Pareto-Prinzip – auch als 80/20-Regel bekannt – besagt, dass 80 Prozent der Ergebnisse mit nur 20 Prozent des Aufwands erreicht werden.

1. Schreiben Sie auf, welche zentralen Schritte (20 Prozent) Sie am schnellsten in Richtung des gewünschten Ergebnisses führen (80 Prozent).
2. Beginnen Sie innerhalb der kommenden 48 Stunden mit der konkreten (Teil-)Umsetzung dieser Schritte.

Reflektieren Sie nach drei Tagen, welche Fortschritte oder unerwarteten Vorteile Ihnen dieses »unperfekte« Vorgehen gebracht hat.

»Das Universum lässt keine Perfektion zu.«[23]

Stephen Hawking

HAPPY BIRTHDAY TO YOU...
KNOCKIN' ON HEAVEN'S DOOR?!?
TAP TAP TAP TAP TIP TAP TAP TIP
RESEARCH

2.5 Der Fluch des Wissens

Wie zu viel Wissen unseren Blick auf die Zukunft trübt

Im Jahr 1990 führt die Stanford-Doktorandin Elizabeth Newton eine wissenschaftliche Studie[24] durch, die für großes Aufsehen sorgt. Für ihre Studie teilt Newton Probanden nach dem Zufallsprinzip in zwei Gruppen ein: die Gruppe der »Klopfer« und in die Gruppe der »Zuhörer«. Der Gruppe der Klopfer gibt Newton anschließend eine Liste mit 25 bekannten Songs, wie zum Beispiel »Happy Birthday« oder der Nationalhymne der Vereinigten Staaten. Aus dieser Liste sollen sich die Klopfer ein Lied aussuchen und einem Zuhörer den Takt des Liedes mit den Händen auf einer Tischplatte vorklopfen. Die Aufgabe der Zuhörer besteht darin, das Lied aufgrund des geklopften Taktes richtig zu erkennen. Das überraschende Ergebnis: Die Zuhörer erkennen gerade einmal 2,5 Prozent der insgesamt 120 »vorgeklopften« Melodien, obwohl die Klopfer vorab eine Erfolgsquote von 50 Prozent vorausgesagt hatten. Das heißt, sie erwarteten, dass ihre Versuchspartner jedes zweite Lied erkennen würden. Diese frappierende Fehleinschätzung lässt sich mit einer kognitiven Verzerrung erklären, die sich *Fluch des Wissens* (engl. *Curse of Knowledge*) nennt.

Der Fluch des Wissens ist ein kognitives Phänomen, bei dem wir uns, sobald wir über bestimmtes Wissen oder bestimmte Fähigkeiten verfügen, nicht mehr in die Lage von Menschen versetzen können, denen dieses spezifische Wissen fehlt. Wir sind mit bestimmten Themengebieten so gut vertraut, dass sie für uns SELBSTverständlich werden – für andere jedoch nicht. Durch diesen Wissensvorsprung haben wir große Schwierigkeiten, wesentliche Informationen verständlich zu kommunizieren und weiterzugeben. Alle Eltern, die jeden Tag verzweifeln und schimpfen, weil ihre Kinder in der Grundschule die »einfachsten« Aufgaben nicht verstehen, obwohl sie ihnen von Mama oder Papa doch so fachkundig erklärt wurden, sind Paradebeispiele für die negativen Konsequenzen des Fluchs des Wissens. All unsere Wissensvorsprünge trüben dabei nicht nur unser Urteils- und Erklärvermögen, sondern auch unseren Blick auf die Zukunft.

Selbst im Experiment von Elizabeth Newton waren die Klopfer immer wieder überrascht und teilweise verärgert darüber, wie schwer es den Zuhörern fiel, die verschiedenen Melodien zu erkennen. Das Problem der Klopfenden bestand darin, dass sie über das spezifische Wissen des Liedtitels verfügten, das die Zuhörer nicht hatten. Immer wenn ein Klopfender klopfte, hörte er das Lied im Kopf. Probieren Sie es selbst einmal aus. Klopfen Sie Ihrem Mann, Ihrer Freundin oder Ihren Kollegen »Happy Birthday« vor und sofort ist sie da: die Melodie in Ihrem Kopf. Ihre Zuhörer können die Melodie allerdings nicht hören – sie nehmen nur unzusammenhängende Klopf-Codes wahr.

Der Begriff Fluch des Wissens stammt ursprünglich aus den Wirtschaftswissenschaften[25], hat aber für alle Bereiche unseres Lebens Gültigkeit. Ein Beispiel für die Folgen, die der Fluch des Wissens in der Politik mit sich bringen kann, ist das »Neue Heizungsgesetz« der deutschen Bundesregierung aus dem Jahr 2023. Hierbei handelt sich um ein von Politikern und Fachexperten entwickeltes Gesetz, das die Effizienzstandards von Heizungsanlagen regeln und den Einsatz klimafreundlicher Technologien fördern soll. Das große Problem: Das komplexe Gesetz, das alle Mieter und Immobilieneigentümer in Deutschland betrifft, wurde zu vorschnell, zu missverständlich und zu unsensibel kommuniziert. All das führte bei den Bürgerinnen und Bürgern zu großem Ärger und geringer Akzeptanz. Die Menschen fühlten sich überrumpelt, staatlich bevormundet – und kauften in kurzer Zeit massenhaft fossile Gas- und Ölheizungen. Durch die Unfähigkeit der Politik, die Inhalte klar, empathisch und verständlich zu vermitteln, wurde am Ende das genaue Gegenteil von dem erreicht, was beabsichtigt war: Die Bürgerinnen und Bürger ließen sich nicht weniger, sondern mehr klimaschädliche Heizungen einbauen. Die fortschrittliche Idee des Gesetzes, klimafreundliches Heizen mit erneuerbaren Energien zu fördern, wurde durch die katastrophale Kommunikation und unzureichende Vorbereitung torpediert. Einige Experten und Politiker der Regierung hatten sicher das Gefühl, auf dem ganzen Thema laste ein »Fluch«. Wie recht sie doch hatten.

Der Fluch des Wissens kann immer dort zu einem großen Problem werden, wo tiefgreifende Veränderungsvorhaben geplant und umgesetzt werden. Wenn das Management einer Organisation zum Beispiel ein weitreichendes Veränderungsprojekt beschließt, besteht die Gefahr, dass das Projekt anschließend missverständlich an die Belegschaft kommuniziert wird. Warum das so ist, wissen wir bereits. Die Manager, die für die Planung verantwortlich sind, verfügen über spezifisches Fachwissen und Insiderinformationen, die für sie selbstverständlich, für die betroffenen Mitarbeiter oder Teams aber unbekannt oder unzugänglich sind. Genau diese Informationsasymmetrie kann später zu unklarer Kommunikation und Widerstand gegen die geplanten Veränderungen führen, wenn die Fähigkeiten und Perspektiven der Kolleginnen und Kollegen nicht angemessen berücksichtigt werden. Aus gut gemeinten Veränderungsprozessen des Managements werden dann sehr schnell »Verärgerungsprozesse« auf der Ebene der Mitarbeitenden. Denn nur weil dem Management klar ist, was zu tun ist, gilt das noch lange nicht für alle Beschäftigten. Hilfreiche Mittel gegen den Wissensfluch: verständliche Kommunikation, Workshops, Schulungen und die frühzeitige Einbindung der Mitarbeiter in Veränderungsprozesse.

Als ob all das nicht schon genug wäre, kann sich der Fluch des Wissens auch zu einer gewaltigen Innovationsbremse auswachsen. Das passiert immer dann, wenn Experten mit sehr viel (alt)bewährtem Wissen tiefgreifende neue Entwicklungen völlig falsch einschätzen. Legendär ist beispielsweise ein Interview des ehemaligen Microsoft-CEO Steve Ballmer aus dem Jahr 2007, in dem er sich über das damals frisch erschienene iPhone von Apple lustig machte und ihm geringe Erfolgschance prognostizierte, weil es »keine Tasten habe«.[26] Damit befindet er sich übrigens in bester Gesellschaft. Der Weg der Geschichte ist gepflastert mit falschen Prognosen von Experten und Gurus, die dem Fluch ihres Wissens erlagen. So stellte der Gründer der Warner Brothers Filmstudios in Hollywood, Harry Warner, mit dem Satz »Wer zur Hölle möchte Schauspieler sprechen hören?«[27] im Jahr 1927 den zukünftigen Erfolg des Tonfilms infrage. Im Jahr 2001 erklärte der anerkannte Zukunftsforscher Matthias Horx den Menschen voller Überzeugung, dass das »Internet auf absehbare Zeit kein Massenmedium« werde.[28] Und die Musikgeschichte ist voll von Bands, deren Musik von erfahrenen Labelchefs mehrfach abgelehnt wurde und danach die Welt eroberte.

Besonders viel über etwas zu wissen, erweist sich für Veränderung, Innovation und Fortschritt also nicht immer als Vorteil, weil es zu einer Form von Betriebs- und Zukunftsblindheit führen kann. Das liegt daran, dass wir für die Einordnung des Neuen immer unser bereits bestehendes Wissen und bekannte Instrumente nutzen. Wir blicken gewissermaßen durch Opas dicke »Hornbrille« auf eine sich ständig erneuernde Welt. Diese Brille schränkt unsere Sicht so stark ein, dass wir neue Entwicklungen und auffällige Indikatoren gar nicht mehr richtig wahrnehmen. Das passiert umgekehrt übrigens auch, wenn wir später mit einer modernen »VR-Brille« zurück in die Vergangenheit schauen und uns auf einmal alles extrem antiquiert erscheint, was wir noch vor Kurzem für den Inbegriff des Fortschritts hielten. Unsere persönlichen »Wissensbrillen« sind also alles – nur nicht objektiv. Oder anders ausgedrückt: Nur weil wir uns etwas heute nicht vorstellen können, heißt das nicht, dass es in Zukunft nicht passieren wird. Da unsere Urteilskraft immer mit dem Wissen der Vergangenheit und der Gegenwart verbunden ist, beurteilen wir neue, unbekannte Ideen immer viel kritischer, als es angebracht wäre.

Um diese vorschnellen Fehlinterpretationen zu umgehen und bessere Zukunftsentscheidungen zu treffen, sollten wir uns immer wieder an den Fluch des Wissens erinnern, uns Zeit nehmen und bewusst unterschiedliche Perspektiven einnehmen. Was es dafür braucht? Bescheidenheit und Empathie. Die Bescheidenheit, die Grenzen des eigenen Wissens anzuerkennen. Und die Empathie, um die Bedürfnisse und Gefühle anderer wirklich zu verstehen.

Der Fluch des Wissens

Darum geht's

Kognitive Verzerrung, bei der wir davon ausgehen, dass andere Menschen über das gleiche Wissen verfügen wie wir selbst – auch wenn das nicht der Fall ist. Diese Fehleinschätzung erschwert eine effektive Kommunikation und beeinträchtigt unser Urteilsvermögen.

Warum es ihn gibt

Da unser Gehirn einmal erlerntes Wissen nicht »ausblenden« kann, haben wir Schwierigkeiten, uns in den kognitiven Zustand anderer zu versetzen, denen dieses Wissen fehlt. Wir schätzen individuell zugängliche Informationen und persönliches Wissen als repräsentativer und bedeutsamer ein, als sie es in Wirklichkeit sind.

Das können Sie konkret tun (PUSH-Modell©)

1. Problembewusstsein schärfen

1. In welchen Situationen neige ich dazu, zu viel Vorwissen bei anderen vorauszusetzen?
2. Wie reagiere ich, wenn ich etwas erkläre und jemand nachfragt oder Verständnisschwierigkeiten zeigt?
3. Wie fühlt es sich an, wenn mir selbst jemand etwas in einer Fachsprache erklärt, die ich nicht verstehe?

2. Umfeld erforschen

~~Erklärbär~~ Erklärbar

Suchen Sie sich eine Person aus Ihrem Umfeld – idealerweise jemanden, der nicht in Ihren Fachgebieten unterwegs ist. Nehmen Sie sich ein Thema, in dem Sie sich richtig gut auskennen: ein berufliches Fachthema, ein technisches Hobby oder ein gesellschaftliches Thema, das Ihnen am Herzen liegt. Erklären Sie dieses Thema so einfach und anschaulich wie möglich in maximal zehn Minuten – ohne Fachjargon, ohne lange Schachtelsätze, ohne »Ist doch logisch!«.

Bitten Sie Ihr Gegenüber, sobald Sie fertig sind, das Gehörte in eigenen Worten zusammenzufassen. Hören Sie aufmerksam zu:

1. Was kam bei Ihrem Gegenüber an?
2. Was ging verloren?
3. Was wurde missverstanden?

Tipp: Lassen Sie sich, wenn Sie mutig sind, bei Ihren Erklärungen filmen. Sie werden überrascht sein, wie viele Dinge Sie unbewusst von sich geben, die andere nicht verstehen (können).

Realitätscheck @ Work

Der Fluch des Wissens ist überall zu finden – auch an unserem Arbeitsplatz: in E-Mails, internen Dokumenten, Prozessen und Präsentationen. Stellen Sie sich vor, Sie wären ganz neu in Ihrem Job, Ihrer Abteilung oder in Ihrem Unternehmen. Verstehen Sie direkt, worum es geht? Wenn nicht, ist es Zeit für einen Realitätscheck!

Überprüfen Sie stichpunktartig interne Unterlagen wie E-Mails, Projektpläne, Prozessbeschreibungen, Präsentationen, oder Onboarding-Materialien. Wie verständlich sind sie, zum Beispiel für Außenstehende oder Berufseinsteiger? Holen Sie aktiv Feedback von Kolleginnen und Kollegen mit unterschiedlichem Wissens- und Erfahrungsstand. Notieren Sie die größten Unklarheiten, Missverständnisse und Buzzword-Paraden und erstellen Sie eine kleine Prioritätenliste:

Wo ist der Handlungs- beziehungsweise Verbesserungsbedarf aktuell am größten?

3. Selbsterkenntnis und produktive Denkweisen fördern

Die drei Erklärebenen

Entwickeln Sie für ein komplexes Thema, das Ihnen wichtig ist, drei abgestufte Erklärebenen von ganz einfach bis detailliert. Die Ebenen helfen Ihnen dabei, flexibler auf die Bedürfnisse und das Vorwissen Ihres Gegenübers einzugehen.

1. Für **die erste Ebene (Laien)** entwickeln Sie eine Ein-Satz-Erklärung: kurz, prägnant und so klar wie ein Werbeslogan oder Elevator Pitch.
2. Für **die zweite Ebene (Fortgeschrittene)** erweitern Sie die Erklärung um einige Sätze und machen Sie sie mit einem Bild, einem Vergleich oder einem lebensnahen Beispiel greifbar.
3. Auf der **dritten Ebene (Expertinnen und Experten)** gehen Sie auf die Details ein, verwenden Fachbegriffe und erläutern Zusammenhänge, die für Fortgeschrittene relevant sind.

Testen Sie jede Erklärvariante in Gesprächen mit Menschen, die unterschiedliche Wissensstände haben. Verfeinern Sie Ihre Erklärungen anschließend so lange, bis sie auf jeder Ebene gut verstanden werden.

Retrospektive

Schauen Sie zurück auf ein persönliches oder berufliches Projekt, das nicht den gewünschten Erfolg gebracht hat. Reflektieren Sie, inwieweit der »Fluch des Wissens« hier eine Rolle gespielt haben könnte:

- Gab es Situationen, in denen Sie oder andere Beteiligte stillschweigend vorausgesetzt haben, dass alle das gleiche Hintergrundwissen teilen?
- Gab es Fachbegriffe, persönliche Informationen oder implizite Annahmen, die nicht allen klar oder schwer verständlich waren?

Notieren Sie in wenigen Sätzen, wie Sie mit mehr Bewusstsein für den »Fluch des Wissens« das Projekt hätten erfolgreicher gestalten können. Leiten Sie daraus zwei bis drei konkrete Maßnahmen für Ihre zukünftigen Projekte ab.

4. Handlungsmuster festigen

»Entlernen« lernen

Wählen Sie ein Themengebiet aus, auf dem Sie sich sehr sicher fühlen – sei es eine berufliche Methode (zum Beispiel Agile Methoden, Verkaufsgespräche oder Präsentationstechniken) oder ein anerkanntes Fachgebiet (zum Beispiel gesunde Ernährung, Persönlichkeitsentwicklung oder Astronomie). Gehen Sie nun einen Schritt weiter und suchen Sie gezielt nach Stimmen, Studien oder Erfahrungen, die Ihren bisherigen Ansichten widersprechen oder neue Erkenntnisse liefern. Tauchen Sie offen in diese neuen Perspektiven ein, ohne sie direkt zu bewerten oder abzulehnen. Lesen Sie Artikel, hören Sie Podcasts oder schauen Sie sich Vorträge an, die bewusst eine andere Sichtweise vertreten. Notieren Sie, welche Argumente Sie überraschen, irritieren oder vielleicht sogar überzeugen. Spüren Sie nach, wie sich Ihre innere Haltung verändert:

- Sind Sie neugieriger oder vielleicht sogar demütiger geworden?
- Mussten Sie sich von vermeintlichen Sicherheiten verabschieden?

Indem Sie Ihr eigenes Wissen immer wieder bewusst infrage stellen und Platz für Neues schaffen, trainieren Sie Ihre geistige Flexibilität und entwickeln ein besseres Verständnis für andere Sichtweisen.

»Es genügt nicht, dass man zur Sache spricht. Man muss zu den Menschen sprechen.«[29]

Stanisław Jerzy Lec

NOVEMBER 2025

2.6 Die Truthahn-Illusion

Warum die Vergangenheit kein guter Zukunftsberater ist

Auf einer kleinen Farm lebt ein junger Truthahn. Jeden Morgen öffnet sich die Tür zu seinem Gehege. Der Bauer kommt herein und füttert den Truthahn und die anderen Tiere mit leckeren Körnern, Nüssen und Früchten. Das Gleiche passiert am nächsten Tag, am übernächsten Tag und in den folgenden Wochen. Weil er regelmäßig zur gleichen Zeit sein Futter bekommt und umsorgt wird, steigt das Vertrauen des Puters in seinen Versorger. Auch in den nächsten Monaten gehen die täglichen Fütterungen weiter. Mit jeder dieser Fütterungen wächst die Sicherheit des Truthahns, dass der Bauer um sein Wohlergehen bedacht ist und sich auch in Zukunft gut um ihn kümmern wird. An einem Tag im November kommt jedoch alles anders: Der Bauer betritt das Gehege, nimmt den Truthahn mit, bringt ihn zum Schlachthaus und tötet ihn. Der Puter wusste nicht, dass er für den Thanksgiving-Tag gemästet wurde. Die täglichen Fütterungen und Routinen gaukelten ihm eine falsche Sicherheit vor und machten ihn zum Opfer einer großen Täuschung: der *Truthahn-Illusion*.

Die Truthahn-Illusion ist eine Denkfalle, bei der wir fälschlicherweise annehmen, dass vergangene Erfahrungen und Gewohnheiten verlässliche Indikatoren für zukünftige Ereignisse und Entwicklungen sind. Wir treffen trügerische Annahmen über die Zukunft, die sich später als Irrtum entpuppen, weil wir aktuelle Gegebenheiten falsch einschätzen und mögliche Veränderungen nicht ausreichend berücksichtigen. Wie der Truthahn in der Geschichte schreiben wir bestimmte Trends linear in die Zukunft fort, ohne dabei offen für widersprüchliche Informationen, unerwartete Entwicklungen oder Trendbrüche in einer nicht-linearen Welt zu bleiben.

Die Eingangsgeschichte geht auf den britischen Philosophen Bertrand Russell zurück, der in seinem Buch *The Problems of Philosophy* die Parabel eines Huhns beschreibt, das von seinem Besitzer zuerst gefüttert und dann von ihm getötet wird.[30] Später greifen die bedeutenden Risikoforscher Nassim Nicholas Taleb und Gerd Gigerenzer in ihren Büchern[31] die Geschichte in abgewandelter Form wieder auf und machen sie als Truthahn-Illusion weltweit bekannt. Nassim Nicholas Taleb nutzt die Parabel, um die menschliche Unfähigkeit zu veranschaulichen, unwahrscheinliche, aber folgenschwere Ereignisse vorherzusehen, die er als »Schwarze Schwäne« bezeichnet. Gerd Gigerenzer betont, dass die Truthahn-Illusion eine »Gewissheitsillusion« darstellt. Sie tritt auf, weil wir fälschlicherweise annehmen, alle potenziellen Risiken zu kennen. In Wirklichkeit fehlen uns jedoch oft wichtige Informationen – so wie dem Truthahn, der nichts von Thanksgiving wusste. Dadurch überschätzen wir die Stabilität in Systemen, die in Wirklichkeit fragiler sind, als wir glauben.

Welche weitreichenden Auswirkungen die Truthahn-Illusion im wirtschaftlichen Bereich mit sich bringen kann, zeigt sich aktuell in der Automobilbranche. Jahrzehntelang dominierten dort deutsche Autobauer wie Volkswagen, BMW, Audi und Daimler den globalen Markt der Verbrennungsmotoren und Luxusfahrzeuge. Aufgrund der anhaltenden Erfolge waren sich die deutschen Unternehmen und ihre Zulieferer sicher, dass sich dieser Trend auch in Zukunft fortsetzen würde. Dabei übersahen sie die sich lange abzeichnenden, disruptiven Veränderungen in ihrer Branche. Während Unternehmen wie Tesla und chinesische Hersteller wie BYD oder Nio aggressiv in die Entwicklung von E-Autos und moderner Softwaresysteme investierten, vertrauten die deutschen Autobauer weiterhin auf ihre altbewährten Geschäftsmodelle und Technologien. Sie unterschätzten die Geschwindigkeit des technologischen Wandels und die veränderten Kundenwünsche.

Erst die gestiegenen Umweltanforderungen, der rasante Aufstieg Teslas und die stetig wachsenden Marktanteile chinesischer Elektroautohersteller sorgten in der deutschen Automobilindustrie für einen späten »Thanksgiving-Moment«. Seitdem unternehmen die deutschen Autobauer gewaltige Anstrengungen, um im internationalen Wettbewerb nicht weiter den Anschluss zu verlieren. Sie investieren massiv in die Entwicklung von Elektrofahrzeugen, alternativen Antriebstechnologien, Batteriezellen und den Ausbau strategischer Partnerschaften mit Technologieunternehmen. Ob all diese dringend notwendigen Veränderungs- und Innovationsvorhaben noch rechtzeitig angestoßen wurden, wird sich in den nächsten Jahren zeigen.

Allen, die sich jetzt darüber aufregen, wie es nur möglich sein konnte, dass die Führungskräfte und Manager in der Automobilindustrie all diese Entwicklungen über Jahre hinweg nicht sehen konnten, sei gesagt: Dies ist nur eines von unzähligen Beispielen. Auch in Politik und Gesellschaft ist die Truthahn-Illusion allgegenwärtig. Wir selbst fallen ihr jeden Tag zum Opfer, wenn wir starr an unseren Gewohnheiten, Gedanken und Routinen kleben und glauben, dass das Morgen genauso sein wird wie das Gestern. Denn Gewohnheiten – es steckt schon im Wort – sind etwas, worin sich gut »wohnen« lässt. Es gibt sogar einen Fachbegriff für unser menschliches Verhalten, uns gerne in sichere und gewohnte Umgebungen zurückzuziehen: das *Cocooning* (dt. *sich einspinnen*).* Der Begriff beschreibt eigentlich das Verpuppen von Insekten, bezeichnet in diesem Zusammenhang jedoch unser wachsendes Bedürfnis nach mehr Privatsphäre und Abschottung vor der äußeren Welt.

Der Rückzug in gewohnte Umgebungen verringert die Notwendigkeit, ständig neue Entscheidungen treffen zu müssen, bietet Sicherheit und gibt Stabilität. Das ist bis zu einem gewissen Grad auch zweckmäßig. Alles Relevante, das wir in unserem Leben lernen und tun, muss früher oder später zur Gewohnheit oder Routine werden. Ansonsten würden wir in sämtlichen Lebens- und Arbeitsbereichen blutige

* Das »Cocooning« geht auf die amerikanische Trendforscherin Faith Popcorn zurück, die den Begriff erstmals 1981 erwähnte.

Anfänger bleiben und immer wieder von Neuem beginnen müssen. Problematisch wird es jedoch, wenn Gewohnheiten und Automatismen, die unseren Alltag bestimmen, in unserem Unbewussten versinken und erst dann wieder in unsere Köpfe katapultiert werden, wenn es gravierende Veränderungen wie Wirtschaftskrisen, Pandemien oder technische Innovationen gibt. Dann sind wir geschockt, frustriert und haben Angst, weil unsere bisherigen Gewohnheiten und Lösungsstrategien unter den neuen Gegebenheiten nicht mehr funktionieren. Diese Angst lähmt uns und sorgt dafür, dass wir in der vermeintlichen Sicherheit unserer alten Mustern verharren, obwohl es weitaus klüger wäre, sich den neuen Herausforderungen und Lebensumständen anzupassen, um handlungs- und zukunftsfähig zu bleiben. Denn wirklicher Fortschritt gelingt niemals im passiven Verwaltungs-, sondern nur im aktiven und nach vorne gerichteten Gestaltungmodus.

All das gilt nicht nur für einzelne Gruppen, Unternehmen oder Organisationen, sondern auch für uns als Gesellschaft. Es gibt kollektive Gedanken und Gewohnheiten, die ein ganzes Zeitalter beherrschen und den Aufbruch in eine neue Zukunft massiv behindern können: Wir nennen sie »Paradigmen«. Aus diesem Grund ist es wichtig, dass wir ein Bewusstsein für die Truthahn-Illusion entwickeln und uns nicht blind auf vergangene Sicherheiten oder scheinbare Stabilität verlassen. Einschneidende Ereignisse wie die Corona-Pandemie, der Ukraine-Krieg, der weltweite Vormarsch des

Autoritarismus* oder die rasanten Entwicklungssprünge im Bereich der künstlichen Intelligenz haben uns in der jüngeren Vergangenheit gezeigt, dass es in unserer heutigen Welt keine beständigen Gewissheiten mehr gibt.

Um uns besser auf solche überraschenden Entwicklungen vorzubereiten und unsere Fortschrittskompetenz zu steigern, sollten wir als Gesellschaft in Schulen, Universitäten und Organisationen die Themen offenes Denken, Innovation und Zukunftsgestaltung zu einem festen Bestandteil der Lehrpläne und Weiterbildungsprogramme machen.** Auf diese Art und Weise können wir im kontinuierlichen Austausch mit anderen daran arbeiten, ein kritisches Bewusstsein für unsere eigenen Gewohnheiten und Denkweisen zu entwickeln. Wir erwerben die Fähigkeit, unterschiedliche Perspektiven und Blickwinkel einzunehmen, und fördern unsere Kreativität, indem wir neue, unkonventionelle Denkansätze ausprobieren. Es muss uns gelingen, immer wieder das Andere und Neue in Dingen zu sehen, die wir schon bestens zu kennen

* mdr.de (2024): »Autokratien nehmen weltweit deutlich zu«. Erstmals seit 2004 gibt es laut einer Studie der Bertelsmann-Stiftung weltweit wieder mehr autokratische als demokratische Staaten.

** Derzeit gibt es in Deutschland leider nur wenige Schulen, die Themen wie Zukunftsgestaltung und innovatives Denken fest in ihre Lehrpläne integriert haben. Auch an den Hochschulen zeigt sich ein ähnliches Bild: Zwar existieren einige spezialisierte Masterstudiengänge zu Innovation und Zukunftsforschung, in den meisten anderen Studiengängen spielen diese Themen jedoch nach wie vor kaum eine Rolle. Es gibt aber auch positive Lichtblicke: So bietet das Futurium in Berlin eine Online-Fortbildung für Lehrkräfte zur »Zukunftsforschung« an, damit dieses wichtige Thema Einzug in die Klassenzimmer hält.

glauben. Erst dann werden wir Teil eines schöpferischen und in die Zukunft gerichteten Entwicklungsprozesses.

Die Truthahn-Illusion

Darum geht's

Kognitive Verzerrung, bei der wir unreflektiert annehmen, dass vergangene Erfahrungen und Gewohnheiten verlässliche Indikatoren für zukünftige Ereignisse und Entwicklungen sind.

Warum es sie gibt

Unser Gehirn ist evolutionär darauf programmiert, aus sich wiederholenden Mustern schnelle Schlüsse zu ziehen und Vorhersagen zu treffen. Dabei bevorzugen wir bestätigende Informationen und übersehen systematisch seltene, aber mögliche Ausnahmen.

Das können Sie konkret tun (PUSH-Modell©)

1. Problembewusstsein schärfen

1. Wann hat mich zuletzt eine unerwartete Entwicklung oder Wendung eiskalt erwischt?
2. Welche Entscheidungen treffe ich gewohnheitsmäßig, ohne sie zu hinterfragen oder mögliche Alternativen zu berücksichtigen?
3. Wie stark beeinflusst mein Wunsch nach Sicherheit und Stabilität meine Zukunftsplanung?

2. Umfeld erforschen

Blinde Flecken entdecken

Blinde Flecken sind Bereiche unseres Lebens, in denen wir Risiken, Schwächen oder Veränderungen nicht wahrnehmen, obwohl sie für andere oder aus objektiver Sicht erkennbar sind. Ziel dieser Übung ist es, uns diese blinden Flecken bewusst zu machen und Klarheit darüber zu gewinnen, wo wir uns vielleicht in falscher Sicherheit wiegen. Beginnen Sie damit, mindestens fünf zentrale Lebensbereiche aufzuschreiben, die Ihnen persönlich wichtig sind wie zum Beispiel Gesundheit, Finanzen, Beruf, Partnerschaft oder Familie. Nehmen Sie sich anschließend ausreichend Zeit und machen Sie für jeden Bereich eine Bestandsaufnahme:

- Wie robust ist meine Gesundheit?
- Wie stabil ist meine finanzielle Situation?
- Wie sicher ist meine berufliche Position?
- …

Schreiben Sie zu jedem Bereich ein paar Gedanken auf und reflektieren Sie offen:

1. Worauf basiert meine Sicherheit in Bereich X wirklich?
2. Von wem oder was bin ich in diesem Bereich abhängig?
3. Welche Veränderungen in diesem Bereich übersehe ich?

Wählen Sie abschließend drei Lebensbereiche aus, bei denen Sie den größten Handlungsbedarf oder die größte Unsicherheit spüren. Überlegen Sie, welche konkreten kleinen Schritte Sie unternehmen können, um in diesen Bereichen zukünftig genauer hinzuschauen, offene Themen anzugehen und Prioritäten neu zu setzen.

Schwache Signale erkennen

Veränderungen kündigen sich selten lautstark an. Meist beginnen sie leise und unscheinbar. Diese subtilen Vorzeichen nennt man »schwache Signale«. Schärfen Sie Ihre Wahrnehmung für diese feinen Hinweise und entwickeln Sie eine Art »persönliches Frühwarnsystem«.

Sammeln Sie zwei Wochen lang täglich drei Beobachtungen, die auf mögliche Veränderungen oder Anzeichen neuer Entwicklungen hinweisen. Achten Sie dabei auf folgende Quellen: Nachrichtenmeldungen, Fachartikel, Gespräche im beruflichen oder privaten Umfeld, Technologie-Entwicklungen, gesellschaftliche Stimmungen, neue Verhaltensmuster bei Kundinnen und Kunden oder bei Teammitgliedern. Fragen Sie sich wertfrei:

1. Was läuft oder entwickelt sich anders als erwartet?
2. Was daran irritiert oder überrascht mich?
3. Worauf könnte das hindeuten?

Indem Sie die Übung immer wieder durchführen, schulen Sie Ihre Offenheit, Ihr strategisches Denken – und wechseln von einer reaktiven in eine proaktive Haltung.

3. Selbsterkenntnis und produktive Denkweisen fördern

Linear oder robust planen?!

Wählen Sie ein konkretes Vorhaben (zum Beispiel einen bevorstehenden Urlaub, einen Projektstart oder ein Bewerbungsgespräch) und planen Sie es auf zwei Arten:

1. **Lineare (Truthahn-)Planung:**
   Beschreiben Sie den Idealverlauf, in dem alles planmäßig und ohne Überraschungen abläuft. Gehen Sie davon aus, dass alles wie gewohnt funktioniert und keine unerwarteten Ereignisse eintreten.
2. **Robuste Planung:**
   Überlegen Sie nun gezielt: Was, wenn nicht alles wie erwartet läuft? Erstellen Sie eine Planung, die realistische Stolpersteine, Abweichungen oder Überraschungen berücksichtigt. Notieren Sie mögliche Störungen und überlegen Sie für jede einen passenden Umgang oder einen »Plan B«. Bleiben Sie dabei realistisch, vermeiden Sie Übertreibungen.

Jetzt vergleichen Sie die beiden Versionen: Welche wirkt beruhigend und belastbar? Welche naiv und bequem? Sie werden merken: Robuste Planung erfordert mehr Nachdenken, macht Sie aber entspannter und widerstandsfähiger gegenüber möglichen Schwierigkeiten.

Der Gedanken-TÜV

Gewöhnen Sie sich an, nicht nur darüber nachzudenken, *was* sie denken, sondern *wie* Sie gerade denken. Fragen Sie sich bei wichtigen Entscheidungen, vorschnellen Handlungen oder starken Meinungen immer wieder:

Wie bin ich eigentlich zu dieser Einschätzung gekommen?

Waren es Gewohnheiten? Ängste? Erwartungen? Bauchgefühle? Annahmen, die Sie nie hinterfragt haben? Diese vermeintlich einfache Frage hilft Ihnen dabei, vom Autopiloten zum bewussten Denken zu wechseln und Denkfallen wie die Truthahn-Illusion besser zu erkennen.

4. Handlungsmuster festigen

Antifragilitätsprinzip

Krisen, Veränderungen und Unsicherheiten gehören zum Leben und lassen sich nie vollständig vermeiden. Beim Prinzip der Antifragilität, das vom Risikoforscher Nassim Nicholas Taleb entwickelt wurde, geht es darum, Krisen nicht nur auszuhalten, sondern an ihnen zu wachsen. Fragen Sie sich:

Wie kann ich mich so aufstellen, dass mir Unvorhergesehenes nicht schadet – sondern im besten Fall sogar nützt?

Entwickeln Sie dafür Routinen, die mit Unsicherheiten rechnen: Denken Sie dafür in unterschiedlichen Szenarien statt in festen Plänen, bauen Sie sich finanzielle Reserven auf, experimentieren Sie und setzen Sie sich bewusst herausfordernden Situationen aus.

Sie entwickeln Antifragilität, indem Sie gewohnte Sicherheiten hinterfragen, mutig handeln und dranbleiben – auch wenn es mal unbequem wird.

»And you better start swimmin'
Or you'll sink like a stone
For the times they are a-changin'«[32]

Bob Dylan

1
2
A.I.
A.I.
DIAGNOSIS

2.7 Der Ambiguitätseffekt
Wieso wir das Neue und Unbekannte nicht links liegen lassen sollten

Jedes Jahr sterben weltweit etwa 10 Millionen Menschen an den Folgen einer Krebserkrankung.[33] Bei vielen weiteren Millionen Patientinnen und Patienten könnte die Krankheit aufgehalten werden, wenn sie rechtzeitig erkannt würde. Dabei besteht für Ärzte und Spezialisten eine der größten Herausforderungen darin, Hochrisikopatienten schneller zu identifizieren und frühzeitig zu behandeln. All das wird in Zukunft durch die bahnbrechenden Fortschritte künstlicher Intelligenz möglich sein. Schon heute sind KI-Algorithmen in der Lage, die Aggressivität bestimmter Krebsarten mit einer fast doppelt so hohen Genauigkeit zu bestimmen wie traditionelle Biopsien, bei der verdächtiges Gewebe entnommen und anschließend untersucht wird.[34]

Trotz dieser Erfolgsgeschichten stehen viele Patientinnen und Patienten dem Einsatz künstlicher Intelligenz nach wie vor skeptisch gegenüber. So sieht ein Großteil der Menschen in Deutschland zwar enormes Potenzial in medizinischen KI-Anwendungen, aber nur rund 40 Prozent glauben, dass eine KI tatsächlich in der Lage ist, eine korrekte Diagnose zu stellen. Diese Skepsis geht sogar so weit, dass Ärzte, die sich bei ihrer Arbeit von einer künstlichen Intelligenz unterstützen lassen, weniger Vertrauen genießen, als ihre Kollegen, die sich ausschließlich auf klassische Behandlungsmethoden verlassen.[35] Grund für dieses Misstrauen ist ein Phänomen, das sich *Ambiguitätseffekt*[36] nennt.

Der Ambiguitätseffekt ist eine kognitive Verzerrung und beschreibt unsere menschliche Tendenz, bei Entscheidungen lieber »auf Nummer sicher zu gehen«. Haben wir zwei Alternativen, entscheiden wir uns in der Regel für die Option, die wir bereits kennen oder für die uns mehr Informationen vorliegen.

Aus diesem Grund bevorzugen Patienten lieber eine traditionelle medizinische Behandlung, die für sie einfacher nachvollziehbar ist, als für eine schwerer verständliche Behandlungsmethode mit KI. Da die Arbeit der KI-Algorithmen abstrakt und nicht greifbar ist, bewerten wir sie als unsicher, uneindeutig und lehnen sie daher eher ab. Das passiert, weil wir Unsicherheiten bei der Entscheidungsfindung vermeiden wollen und unser Gehirn fehlende Informationen fälschlicherweise mit negativen Informationen gleichsetzt.

Damit wir bessere Entscheidungen treffen können, wäre es in solchen Situationen sinnvoller, offen und neugierig weitere Informationen über die noch unbekannte Methode zu sammeln. In der Praxis scheuen wir jedoch häufig den Aufwand und bevorzugen lieber die altbewährte Alternative. Auf Basis unserer Gewohnheiten und unseres Vorwissens (siehe auch Kapitel zum *Fluch des Wissens*) treffen wir Entscheidungen, die auf vertrauten Informationen basieren, ohne dabei noch unbekannte Alternativen ausreichend zu berücksichtigen. Das ist selbst dann der Fall, wenn sich die zweite, eher unbekannte Option als deutlich vorteilhafter für uns erweisen könnte.

Auf den ersten Blick erscheint der Ambiguitätseffekt als eine durchaus rationale Reaktion. Indem wir uns schnell und mit begrenztem Aufwand für bereits Bekanntes und Bewährtes entscheiden, sparen wir uns Zeit, Energie und vermeiden Überraschungen. Auf den zweiten Blick führt jedoch genau dieses unreflektierte Verhalten dazu, dass wir uns viel zu oft mit einem »Passt schon!« zufriedengeben, obwohl auch ein »Wow!« möglich wäre. Das betrifft sowohl scheinbar langweilige Finanzthemen als auch wichtige Karriereentscheidungen. Zum Beispiel, wenn wir uns dazu entscheiden, unser Geld für den Ruhestand lieber auf einem verlässlichen, aber niedrig verzinsten Sparkonto anzulegen, statt es in renditestärkere Aktien zu investieren. Oder wenn wir in einem scheinbar sicheren, aber stagnierenden Job verharren, obwohl es vielversprechende Karrierechancen in neuen aufstrebenden Branchen wie der KI-Industrie gäbe. Indem wir uns zu wenig auf das Neue und Unbekannte einlassen, verpassen wir im schlimmsten Fall nicht nur eine bessere Zukunft, sondern auch wichtige Innovationen.

Denn der Ambiguitätseffekt schlägt paradoxerweise auch dann gnadenlos zu, wenn wir uns zum Ziel gesetzt haben, besonders innovativ und lösungsoffen sein zu wollen. In Organisationen treffen sich jeden Tag unzählige Teams und Führungskräfte zu Brainstorming- oder zeitintensiven Innovationsworkshops, um neue Ideen und kreative Lösungsansätze zu entwickeln. Was am Ende dieser Workshops herauskommt ist aber meistens das genaue Gegenteil: Einfälle und Lösungen, mit denen sich alle Beteiligten am wohlsten fühlen, die den Status quo nicht zu sehr infrage stellen und die keinem so richtig wehtun. Grundsätzlich gilt aber die goldene Regel: Wenn alle eine Idee ausnahmslos gut finden, ist sie schlecht! Wirklich innovative Ideen fordern uns heraus, stellen alte Denkmuster infrage und sind niemals angenehm.

Wir haben jedoch bereits in der Schule gelernt, nicht anzuecken, nicht albern zu sein und Bewährtes nicht zu hinterfragen. Als Erwachsenen ist uns dieses Verhalten so in Fleisch und Blut übergegangen, dass wir lieber auf Nummer sicher gehen und unbewusst alle Gedanken und Ideen unterdrücken, die uns als nicht sozialverträglich oder zu riskant erscheinen. Die wahren Feinde innovativer Ideen sind also nicht der Chef, das Großraumbüro oder das fehlende betriebliche Ideenmanagement: Wir selbst sind es, die uns im Weg stehen.

Unsere Tendenz, uns lieber mit dem Bewährten und Offensichtlichen zu beschäftigen, ist gerade in Unternehmen sehr weit verbreitet. Das ist mir besonders bei meiner langjährigen Arbeit als Unternehmensberater aufgefallen, wobei ich daran auch nicht ganz unbeteiligt war. Üblicherweise starteten wir unsere Beratungen immer mit einer Bestandsaufnahme und zwei ganz typischen Fragen an den Kunden: »Über welche Themen möchten Sie mit uns sprechen?« und »Welche dieser Themen möchten Sie mit uns bearbeiten?«. Genau diese Fragen waren jedoch der perfekte Türöffner für den Ambiguitätseffekt. Warum? Weil sie die Wahrscheinlichkeit erhöhen, dass Kunden daraufhin oberflächliche Themen wie den »Wissenstransfer«, die »Prozessoptimierung« oder die »Agilität« ansprechen werden. Also Themen, die alle irgendwie gut oder zumindest nicht ganz schlecht finden und die intern zu keinen unangenehmen Diskussionen führen. Das Problem: Durch die Arbeit an solchen Themen werden oft viel grundlegendere Probleme oder unproduktive Gewohnheiten kaschiert. Viel sinnvoller wäre es rückblickend gewesen, wenn wir unsere Kunden zu Beginn einer Beratung gefragt hätten: »Über welche Fragen und Themen möchten Sie in Ihrem Unternehmen oder vor Ihren Kunden *lieber nicht* reden? Welche Themen sollten in Meetings *auf keinen Fall* angesprochen werden?« Auf diese Weise wäre der Kunde gezwungen gewesen, sich mit lange ignorierten, schwierigen Themen zu beschäftigen, in denen deutlich mehr Innovations- und Verbesserungspotenziale schlummern als in den vermeintlich offensichtlichen Dingen.

Wie alle anderen Zukunftsfallen, hat der Ambiguitätseffekt aber nicht nur Auswirkungen auf Entscheidungen in Unternehmen oder im Alltag, sondern auch auf weitreichende gesellschaftliche Entscheidungen. Er kann beispielsweise dazu führen, dass wir in großen Institutionen wie Behörden, Schulen oder Kirchen an versagenden Maßnahmen oder Systemen festhalten, obwohl wir bereits merken, dass viele Dinge nicht mehr richtig funktionieren. Statt mutige Entscheidungen zu treffen und notwendige Veränderungen herbeizuführen, verharren wir lieber in der Sicherheit und Berechenbarkeit des bestehenden Systems, um Risiken, Unsicherheiten und die Gefahr potenzieller Rückschläge zu vermeiden. Wir machen, was wir schon immer gemacht haben. Genau dieses passive Vermeidungsverhalten ist der Grund, warum wir in Deutschland bereits seit vielen Jahrzehnten über Bürokratieabbau, ein zeitgemäßes Schulsystem oder Reformen in der Kirche reden, die bereits bekannten Missstände aber nicht anpacken.

Natürlich ist es nachvollziehbar, dass wir in einer Welt, die immer komplexer und unverständlicher wird, nach Sicherheit suchen und Risiken vermeiden wollen. Doch nicht das Risiko ist gefährlich, sondern unser stetig wachsender Sicherheitsanspruch. Maximierte Sicherheit führt zu der gefährlichen Illusion, wir könnten einen paradiesischen Zustand erreichen (siehe Kapitel zum *Nirwana-Trugschluss*), in dem es nicht mehr nötig ist, Altes hinter sich zu lassen, Neues zu lernen oder sich an veränderte Umweltbedingungen anzupassen. Dieser Zustand wird aber niemals eintreten – und das ist auch gut so. Denn mehr Sicherheit ließe sich immer nur auf Kosten von Fortschritt und Freiheit erkaufen.

Genau diese Freiheit ist aber die Grundvoraussetzung dafür, überhaupt anders entscheiden zu können. Wäre sie nicht vorhanden, wäre alles bereits vorgegeben oder alternativlos – ist es zum Glück aber nicht. Aus diesem Grund ist es enorm wichtig, dass wir den Ambiguitätseffekt (er)kennen, und verstehen, warum er wichtige Entscheidungen zu unseren Ungunsten beeinflussen kann. Indem wir Mehrdeutigkeiten und Unsicherheiten tolerieren, innehalten und unseren Impuls überwinden, immer wieder auf bereits vertraute Strategien zurückzugreifen, können wir unbekannte oder neue Alternativen besser beleuchten. Das hilft uns, rationaler zu entscheiden, was das Bessere oder vielleicht sogar Beste für uns ist.

Der Ambiguitätseffekt

Darum geht's

Unsere menschliche Tendenz, bei Entscheidungen lieber »auf Nummer sicher zu gehen«. Haben wir mehrere Alternativen, entscheiden wir uns in der Regel für die Option, die wir bereits kennen oder für die uns mehr Informationen vorliegen, selbst wenn uns diese weniger Vorteile oder sogar Nachteile bringt.

Warum es ihn gibt

Unser Gehirn interpretiert Unsicherheit als potenzielles Risiko und bevorzugt daher Optionen mit bekannten Wahrscheinlichkeiten, um kognitive Dissonanz, Angst und mögliche Verluste zu vermeiden.

Das können Sie konkret tun (PUSH-Modell©)

1. Problembewusstsein schärfen

1. In welchen Bereichen meines Lebens strebe ich besonders stark nach Sicherheit?
2. Welche Chancen habe ich in der Vergangenheit nicht ergriffen, weil ich mich für die »sichere« Option entschieden habe?
3. Wann habe ich zuletzt trotz offener Fragen oder Unsicherheiten eine erfolgreiche Entscheidung getroffen?

2. Umfeld erforschen

Brainstorming oder »Brainnorming«?

Diskutieren Sie in Ihrer Abteilung oder Ihrem Team ein hypothetisches oder reales Problem mit unklaren Variablen (zum Beispiel die Entwicklung eines neuen Produkts oder Kostensparmaßnahmen). Starten Sie ein klassisches Brainstorming, bei dem Sie alle Ideen zunächst auf Post-its schreiben und anschließend ohne Bewertung an einer Pinnwand sammeln. Nach maximal 10 bis 15 Minuten stoppen Sie Ihre Brainstorming-Session und schauen kritisch auf das Gesammelte:

1. Welche Lösungen kamen besonders häufig vor?
2. Waren es eher naheliegende Ideen, die der »Norm« entsprachen?
3. Waren auch außergewöhnliche Ideen dabei?

Die Entscheidungswaage

Wählen Sie einen Bereich Ihres Lebens, in dem Sie vor einer wichtigen Entscheidung stehen, bei der Ihnen aber noch einige Informationen fehlen und Sie eine Unsicherheit verspüren. Nehmen Sie ein Blatt Papier und zeichnen Sie eine große Waage mit zwei Schalen (Keine Sorge – die Waage muss nicht perfekt aussehen! 😉

- Schreiben Sie **in der linken Schale** alles auf, was Sie zu Ihrem Thema bereits wissen – Fakten, Erfahrungswerte, gesichertes Wissen. Jede Erkenntnis kommt als Stichwort oder kurzer Satz in diese Schale.
- Notieren Sie **in der rechten Schale** alle Unsicherheiten, offenen Fragen und Aspekte, zu denen Sie noch keine ausreichenden Informationen haben. Lassen Sie bewusst Raum, falls Ihnen im Verlauf noch etwas einfällt.

Betrachten Sie Ihre Waage: Wie verteilt sich das Gewicht? Gibt es ein starkes Übergewicht auf einer Seite oder ist die Balance unerwartet? Markieren Sie die schwersten »Gewichte« auf beiden Seiten farbig und überlegen Sie, was Ihnen helfen könnte, die Unsicherheiten auf der rechten Seite gezielt zu verringern.

3. Selbsterkenntnis und produktive Denkweisen fördern

Angstdistanz aufbauen

In Entscheidungssituationen spielt Angst oft eine große Rolle – sei es die Angst vor Fehlern, Ablehnung oder dem Unbekannten. Diese Gefühle sind natürlich und wichtig, doch sie können uns bei Entscheidungen auch blockieren.

Nehmen Sie sich eine Entscheidung oder Herausforderung, die Ihnen aktuell schwerfällt. Schreiben Sie auf, wie sich die Situation darstellt. Notieren Sie dann, welche Ängste, Sorgen oder negativen Gefühle Sie dabei spüren – zum Beispiel Angst vor Misserfolg, Ablehnung oder Verlust.

Stellen Sie sich anschließend vor, Sie sind ein neutraler Beobachter Ihrer eigenen Gedanken. Versuchen Sie, die Angst als Stimme im Hintergrund wahrzunehmen, die nicht automatisch die »Wahrheit« sagt. Nehmen Sie Ihre körperlichen Empfindungen bewusst wahr, halten Sie inne und fragen Sie sich: *Ist diese Aufregung, Unsicherheit oder Angst eine hilfreiche Warnung oder eher eine automatische Reaktion, die mich bremst?*

Indem Sie Angst und Entscheidung gezielt voneinander trennen, gewinnen Sie neue Handlungsfreiheit und mehr Selbstvertrauen.

Tag A (für Ambiguität)

Planen Sie jeden Monat mindestens einen »Tag A« in Ihrem Kalender ein – einen Tag, an dem Sie bei jeder kleinen oder größeren Entscheidung bewusst die Option wählen, die Ihnen weniger vertraut ist, aber potenziell bereichernd sein könnte. Das kann schon beim Frühstück anfangen (wie wäre es zum Beispiel mal mit Lavendel-Blaubeer- oder Speckmarmelade? 😉) und sich über den Tag hinweg fortsetzen: mit neuen, ungewöhnlichen Kontakten, anderen Arbeitsmethoden oder verrückten Ideen. Das Entscheidende ist, dass Sie sich aktiv für das Unbekannte entscheiden, statt es zu meiden. Notieren Sie sich am Abend in Stichpunkten, was Sie ausprobiert haben, wie es sich angefühlt hat und was Sie daraus gelernt haben.

4. Handlungsmuster festigen

Brainstorming reloaded

Wie schnell sich ein Brainstorming fast unbemerkt zu einem »Brainnorming« entwickeln kann, haben Sie bereits unter Punkt 2 erfahren. Hier erfolgt nun der Perspektivwechsel inklusive einer alternativen Vorgehensweise.

Sobald Sie und Ihr Team bemerken, dass eine Brainstorming-Session nur uninspirierte »Wohlfühlideen« hervorbringt, starten Sie einfach ein neues Brainstorming. Der Unterschied: Dieses Mal gilt die Regel »Altbekanntes ist tabu«. Das bedeutet, jede Idee, die bereits ausprobiert wurde oder auf bewährten Mustern beruht, wird konsequent ausgeschlossen. Gefragt sind stattdessen neue, unkonventionelle, mutige oder auch unvollständige Ideen. Nehmen Sie sich ausreichend Zeit und achten Sie auf folgende Aspekte:

1. Wie verändern sich die Dynamik und Stimmung im Team?
2. Wie schwer fällt es, auf Bekanntes zu verzichten?

Welche neuen Perspektiven eröffnen sich, wenn Vertrautes ausgeklammert wird?

»Wer nicht wagt, der nicht gewinnt.«[37]

Deutsches Sprichwort

!?!
MAGA

2.8 Der Naive Realismus
Wieso die Welt nicht so ist, wie wir sie sehen

Am 10. September 2024 blickt die Welt gebannt in die USA. Im National Constitution Center in Philadelphia findet das erste und einzige TV-Duell zwischen dem republikanischen Präsidentschaftskandidaten Donald Trump und seiner demokratischen Herausforderin Kamala Harris statt. In einer hitzigen und kontroversen Auseinandersetzung diskutieren Trump und Harris unterschiedlichste Themen, die von der Wirtschafts- über die Klima- bis zur Außenpolitik reichen. Für die größte Aufregung sorgt jedoch das Thema Einwanderung. Das liegt an einer ganz bestimmten Aussage von Donald Trump: Während der Debatte stellt er die Behauptung auf, dass illegale Einwanderer im ganzen Land die Katzen und Hunde der einheimischen Bevölkerung essen würden. Als ihn der Moderator noch live in der Sendung damit konfrontiert, dass es hierfür keine belastbaren Belege gäbe, entgegnet Trump, er hätte aber Menschen im Fernsehen gesehen, die vom Verschwinden ihrer Haustiere berichteten.[38] Für den ehemaligen TV-Showmaster Donald Trump ein klarer Beweis dafür, dass seine Ausführungen wahr sein müssen.*

---

* Donald Trump war von 2004 bis 2015 der Gastgeber und Produzent der Reality-TV-Show »The Apprentice«, in der Kandidaten um einen Managementposten in seinem Unternehmen konkurrierten. Außerdem moderierte er den Ableger »The Celebrity Apprentice«, in dem prominente Teilnehmer Aufgaben lösten und von Trump bewertet wurden.

In den Tagen nach dem TV-Duell weisen örtliche Behörden seine Behauptung jedoch wiederholt zurück, und Migrantenorganisationen gehen sogar juristisch gegen Trumps Falschbehauptungen vor. Trotzdem verbreiten sich seine unbegründeten und entmenschlichenden Aussagen rasant in den sozialen Medien und werden von vielen Menschen tatsächlich geglaubt. Es kommt sogar zu Bombendrohungen gegen öffentliche Einrichtungen, und unter den Einwanderer- und Migrantengruppen wächst die Sorge vor rassistischen Übergriffen. Verantwortlich für diese gefährliche Eskalation ist eine bedeutende Wahrnehmungsverzerrung: der *Naive Realismus*.

Beim Naiven Realismus täuscht uns unser Gehirn: Es gaukelt uns vor, dass wir die Welt immer so wahrnehmen, wie sie wirklich ist. Wir sind davon überzeugt, dass unsere subjektive Sichtweise auf bestimmte Themen und Zusammenhänge die einzig richtige ist und dass alle, die anders denken, entweder falsch informiert, unvernünftig oder voreingenommen sein müssen. Diese kognitive Verzerrung kann sogar dafür sorgen, dass wir selbst offensichtliche Lügen für glaubhaft halten. Das funktioniert immer dann besonders gut, wenn diese Lügen unsere bereits bestehenden Überzeugungen bestätigen.

Viele Trump-Anhänger standen Einwanderergruppen ohnehin schon mit Misstrauen oder Ablehnung gegenüber. Trumps Behauptung, Immigranten würden amerikanische Haustiere essen, griff diese vorhandenen Vorurteile gezielt auf und stachelte sie emotional weiter an. Eine entscheidende Rolle spielten hierbei soziale Medien wie Facebook, X und TikTok. In den Echokammern und Filterblasen* konservativer Netzwerke wurden die Aussagen Trumps schnell weiterverbreitet. Zusätzlich verstärkten Algorithmen, die polarisierende Inhalte bevorzugen, ihre Reichweite.**

Eine weitere Denkfalle sorgte zudem dafür, dass plausible Gegenargumente keine Chance hatten: die *emotionale Beweisführung*. Dabei handelt sich um einen kognitiven Fehlschluss, bei dem wir den Wahrheitsgehalt einer Aussage nicht anhand von Fakten oder logischer Argumentation, sondern nur auf Basis unserer subjektiv empfundenen Gefühle beurteilen. Die Folge: Wir halten eine Information besonders dann für glaubwürdig, wenn sie starke Emotionen wie Angst, Freude oder Wut in uns auslöst – selbst, wenn sie objektiv falsch ist.*** Weil viele Menschen Haustiere als geliebte Familienmitglieder betrachten, fielen die Reaktionen

---

* Echokammern sind geschlossene Informationsräume, in denen Menschen nur Informationen hören oder sehen, die ihre eigene Meinung bestätigen. Filterblasen entstehen durch Algorithmen, die Menschen hauptsächlich die Inhalte anzeigen, die zu ihren bisherigen Interessen und Ansichten passen, wodurch alternative Sichtweisen ausgeblendet werden.

** Algorithmen sozialer Medien priorisieren häufig Inhalte, die starke emotionale Reaktionen hervorrufen, insbesondere solche, die polarisierend wirken oder negative Affekte wie Wut und Feindseligkeit ansprechen. Siehe dazu Milli (2025): »Engagement, User Satisfaction, and the Amplification of Divisive Content on Social Media«, sowie Habib und Nithyanand (2025): »YouTube Recommendations Reinforce Negative Emotions«.

*** Im allgemeinen Sprachgebrauch hat sich hierfür das geflügelte Wort von der »gefühlten Wahrheit« etabliert.

nach Trumps unbewiesenen Behauptungen hochemotional und wenig rational aus. So ersetzte bei vielen Trump-Unterstützern die Empfindung »Das fühlt sich so unglaublich an, da muss was dran sein« eine nüchterne Auseinandersetzung mit den tatsächlichen Fakten. Zusätzlich erschwerte die bestehende politische Polarisierung zwischen Demokraten und Republikanern den Zugang zu glaubwürdigen Gegenargumenten. Faktenchecks wurden im Trump-Lager häufig als »links-liberale Propaganda« abgetan und schlicht ignoriert – auch deshalb, weil sie sachlich-nüchtern waren und keine emotionale Wirkung entfalteten. Der Naive Realismus im Zusammenspiel mit emotionaler Beweisführung und digitalen Echokammern führte dazu, dass Trumps unhaltbare Lügen von vielen als objektive Wahrheit akzeptiert wurden.

Beim Naiven Realismus erliegen wir einer großen und folgenschweren Illusion: Wir halten uns für unvoreingenommen, reflektiert und umfassend informiert – sind es aber nicht. Denn in Wahrheit stammt das meiste, was wir für gesichertes Wissen halten, aus nur sehr wenigen Quellen: aus persönlichen Erfahrungen, Gesprächen, Nachrichten, dem Internet oder den sozialen Medien. Dabei überschätzen wir permanent, wie genau, relevant und vollständig diese Informationsquellen sind und erschaffen – ohne es zu bemerken – ein stark vereinfachtes und sehr subjektives Bild der Wirklichkeit. Gerade weil dieser kognitive Prozess so unbewusst und ohne kritische Selbstreflexion abläuft, prägten Philosophen und Psychologen dafür den Begriff des

»naiven« Realismus.* Wir können und wollen oft nicht erkennen, dass unsere subjektiven Filter lediglich einen klitzekleinen Ausschnitt einer weitaus größeren und komplexeren Wirklichkeit erfassen. Es ist so, als stünden wir mit einer Taschenlampe am Eingang einer dunklen und weit verzweigten Höhle und wären fest davon überzeugt, dass uns der kleine Lichtkegel unserer Taschenlampe die ganze Höhle zeigen würde.

Wir könnten den Naiven Realismus als eine evolutionär bedingte Entwicklung abtun, die uns das schnelle Entscheiden in der täglichen Flut von Informationen ermöglicht. Ebenso könnten wir entgegnen, dass jeder Mensch das Recht auf eine eigene Meinung hat und uns auf die heute oft zitierte »Meinungsfreiheit« berufen. Diese Haltung wäre jedoch mindestens genauso naiv wie der Naive Realismus selbst. Warum? Weil sie die tiefgreifenden Gefahren des Naiven Realismus für unsere modernen Gesellschaften verharmlost. Der Naive Realismus ist nämlich nicht nur ein idealer Nährboden für Lügen, Desinformation, Intoleranz und Spaltung, sondern auch ein unsichtbares Gift für unseren Fortschritt. Ohne Kritikfähigkeit, Offenheit, Dialog und die Bereitschaft, etablierte Standpunkte zu hinterfragen, wird es uns nicht gelingen, un-

* Frühe Formen des Naiven Realismus finden sich bereits bei Platon und Aristoteles, die sich mit der Frage beschäftigten, inwiefern unsere Sinneswahrnehmungen die Realität unmittelbar und zuverlässig abbilden. Später wurde der Begriff insbesondere in der modernen Kognitionsforschung geprägt, vor allem durch den Sozialpsychologen Lee Ross, der den »Naiven Realismus« als eine kognitive Verzerrung beschreibt.

sere Kräfte hinter starken Zukunftsvisionen zu bündeln, die wir gerade so dringend bräuchten. Visionen mit Sogwirkung benötigen unsere kollektive Vorstellungskraft und unsere Fähigkeit, uns auf neue und unbekannte Ideen einzulassen. Solange Individuen, Gruppen, Abteilungen, Manager, Parteien oder Politiker jedoch glauben, ihre Sichtweisen seien die einzig richtigen, werden Konsens und Kooperation nahezu unmöglich. Die Möglichkeit eines gemeinsamen Zukunftsbilds zersplittert in kleine fragmentierte Wirklichkeiten. Denn für Menschen, die immer glauben, »die« Wahrheit oder »den« Weg zu kennen, gibt es keine Veranlassung, sich mit alternativen Entwürfen, wissenschaftlichen Theorien oder neuen Modellen auseinanderzusetzen. Sie nehmen den Fortschritt als Bedrohung ihrer Weltanschauung und nicht als Chance für Erkenntnisgewinn, Weiterentwicklung und Innovation wahr.

Wer sich so verhält, ist nicht unterwegs in Richtung Zukunft, sondern auf dem Weg zurück in eine ferne Vergangenheit – genauer gesagt in das Zeitalter der Mythen. Frühe Erzählungen wie die Schöpfungs-, Helden- oder Weltuntergangsmythen* vermittelten jahrtausendelang eine bestimmte Vorstellung von der Welt, die den Menschen Gewissheit, Orientierung und ein Gefühl von Zugehörigkeit gab. Sie zeichneten das Bild einer einzig möglichen Welt, in der jedes Zeichen und jedes unerwartete Ereignis ganz unkompliziert erklärt und gedeutet wer-

* Beispielhaft seien hier der Sieben-Tage-Schöpfungsmythos der Bibel, die griechischen Götter- und Heldenmythen – etwa die Prometheus-Sage oder die Odyssee von Homer – sowie germanische Mythen wie die Nibelungensage genannt.

den konnte. Diese Deutungen fügten sich nahtlos in ein übergeordnetes Weltbild ein – und bestätigten es wiederum. Die Denkweise des Naiven Realismus steht in direkter Tradition dieser mythischen Weltsicht.* Das Problem: Die Welt, wie sie in den alten Mythen beschrieben wurde, existiert schon sehr lange nicht mehr. Spätestens mit der wissenschaftlichen Revolution des 15. und 16. Jahrhunderts begann sich der Möglichkeits- und Erkenntnisraum der Menschheit unaufhörlich zu erweitern. Aus einer einzig gültigen »Wahrheit« wurde ein offenes Feld vielfältiger Perspektiven und Ideen. Die Freiheit des Denkens und ein dynamischeres Verständnis der Wirklichkeit triumphierten über die dogmatischen Weltbilder der Mythen – das Zeitalter der modernen Wissenschaft brach an.

Die Errungenschaften wissenschaftlicher Arbeit bilden auch heute noch das wirkungsvollste Gegengewicht zum Naiven Realismus. Denn das Ziel der Wissenschaft ist es nicht, individuelle Meinungen zu bestätigen – im Gegenteil: Mithilfe kontrollierter Experimente und systematischer Beobachtungen liefert die Wissenschaft objektive Methoden, um subjektive Überzeugungen kritisch zu überprüfen. Sie hilft uns dabei, komplexe Zusammenhänge zu verstehen, Lösungen für gesellschaftliche Herausforderungen zu entwickeln und bes-

* Wir können weltweit – verstärkt durch die sozialen Medien – eine deutliche Zunahme mythischer Weltanschauungen und Verschwörungstheorien beobachten. Beispiele dafür sind etwa die Überzeugung, die Erde sei flach, es existiere eine geheime Weltverschwörung oder der menschengemachte Klimawandel sei lediglich eine Erfindung.

sere Entscheidungen zu treffen: in der Politik, in der Wirtschaft und im Alltag. Gerade in den stark polarisierten Debatten unserer Zeit – von Klimawandel und Pandemien bis hin zu technologischen Umbrüchen – kommt ihr daher eine Schlüsselrolle zu. Ihre überprüfbaren Erkenntnisse können überall dort eine gemeinsame Grundlage für konstruktive Debatten und Dialoge schaffen, wo heute unsere subjektiven Filter, getriggerten Gefühle oder Desinformationen zu Polarisierung und gesellschaftlicher Spaltung führen.*

Bevor die Wissenschaft wieder das verbindende Element einer aufgeklärten, handlungsfähigen und solidarischen Gesellschaft werden kann, muss sie jedoch das Vertrauen der Menschen zurückgewinnen. Dieses Vertrauen wurde nicht zuletzt während der Corona-Pandemie durch widersprüchliche Aussagen, Kommunikationspannen und als übergriffig empfundene Entscheidungen erschüttert. Mit bekannten Folgen: Immer mehr Menschen wandten sich in dieser Zeit pseudowissenschaftlichen Narrativen, Verschwörungsmythen oder einfachen Erklärungen zu.** Naiver Realismus

* Dass die Wissenschaft in den USA unter Donald Trump gerade massiv eingeschränkt und unter Druck gesetzt wird, ist kein Zufall. Ihre verbindende Kraft und gesellschaftliche Relevanz sollen ganz bewusst untergraben und geschwächt werden.

** Die Vorstellung, dass das Trinken von Bleichmittel gegen Corona helfe, die Pandemie gar nicht existiere und in Wahrheit eine »Plandemie« sei, dass Impfstoffe unsichtbare Mikrochips enthielten oder Masken zu einer CO_2-Vergiftung führten – all das sind nur einige Beispiele der zahlreichen Corona-Mythen, die während der Pandemie große Verbreitung fanden. Die Liste ließe sich problemlos um viele weitere absurde Falschinformationen erweitern.

und gefühlte Wahrheiten traten zunehmend an die Stelle einer sachlichen Auseinandersetzung mit wissenschaftlichen Erkenntnissen. Um diese problematischen Entwicklungen zu stoppen, müssen wir Wissenschaft und Forschung wieder zurück in die Mitte unserer Gesellschaft holen – in Schulen, Unternehmen, Verwaltungen und Städte*. Was es dafür braucht? Mehr Nähe statt Distanz, mehr Dialog statt Belehrung und mehr Praxis statt Theorie. Wissenschaft darf nicht als abgehoben, autoritär oder gar politisch beeinflusst erlebt werden. Sie lebt vom Zweifel und vom Austausch – gerade auch mit der Gesellschaft.

Doch was genau können wir selbst gegen die Illusion des Naiven Realismus tun? Der erste wichtigste Schritt wäre anzuerkennen, dass wir alle davon betroffen sind – mal mehr, mal weniger. In einer komplexen Welt kann kein Mensch die absolute Wahrheit kennen. Erst wenn wir das akzeptieren, entsteht Raum für Zweifel und eine neue Form intellektueller Bescheidenheit. Genau diese Bescheidenheit ist die Grundlage für echten Dialog: für offene und wertschätzende Gespräche mit Nachbarn, Freunden, Kolleginnen und Kollegen. Der ehemalige US-Präsident Barack Obama beschreibt in Interviews und in seinem Buch *Ein verheißenes Land*, wie

* In meiner Geburtsstadt Nürnberg entsteht gerade eine Initiative, die genau diese Idee widerspiegelt und den direkten Austausch zwischen Wissenschaft und Gesellschaft fördert. Die Technische Universität Nürnberg (UTN) eröffnete im Sommer 2025 ihre »Science Lounge« im lange leerstehenden Galeria-Kaufhof-Gebäude in der Innenstadt. Durch den zentralen Standort wird die wissenschaftliche Arbeit der UTN für Bürgerinnen und Bürger unmittelbar erlebbar.

wichtig es ihm bei komplexen und kontroversen Themen war, gezielt andere Meinungen einzuholen. Um blinde Flecken zu vermeiden, kultivierte er gemeinsam mit seinem Beraterteam eine Haltung des aktiven Widerspruchs. Statt nur zu bestätigen, was man ohnehin glaubt, stellten sie sich immer wieder zwei entscheidende Fragen: »Was ist, wenn wir falsch liegen?« und »Was übersehen wir?«. Wenn wir den Einfluss des Naiven Realismus künftig besser verstehen und begrenzen wollen, sollten auch wir uns diese beiden Fragen immer wieder bewusst ins Gedächtnis rufen.

Der Naive Realismus

Darum geht's

Beim Naiven Realismus nehmen wir an, dass wir die Welt immer so wahrnehmen, wie sie wirklich ist. Wir sind davon überzeugt, dass unsere subjektive Sichtweise auf bestimmte Themen und Zusammenhänge die einzig richtige sei und dass alle, die anders denken, entweder falsch informiert, unvernünftig oder voreingenommen sein müssen.

Warum es ihn gibt

Unser Gehirn verarbeitet Wahrnehmungen aus evolutionären und neurowissenschaftlichen Gründen so, dass sie wie objektive Tatsachen erscheinen. Das passiert, weil uns diese vereinfachte, aber praktische Weltwahrnehmung ermöglicht, schnell zu handeln und zu entscheiden. Es ist für uns deutlich einfacher, auf unsere eigene Sicht der Dinge zu vertrauen, statt immer wieder zu hinterfragen, wie die Perspektiven anderer aussehen.

Das können Sie konkret tun (PUSH-Modell©)

1. Problembewusstsein schärfen

1. Wann habe ich zuletzt gedacht: »Das ist doch klar!« – und es war gar nicht so »klar«?
2. Bei welchen Themen fällt es mir schwer, andere Sichtweisen zuzulassen?
3. Wann habe ich mir zuletzt offen eingestanden, bei einer Diskussion, Einschätzung oder Überzeugung falsch gelegen zu haben?

2. Umfeld erforschen

Die kognitive Brille

Stellen Sie sich vor, Sie tragen immer eine große Brille – Ihre »kognitive Brille«. Sie ist unsichtbar und beeinflusst, wie Sie Informationen aufnehmen, auf Menschen zugehen, Chancen wahrnehmen oder auf Konflikte reagieren. Die Filter Ihrer Brille werden durch Ihre Herkunft, Erziehung und Bildung sowie Ihre Werte, Erfahrungen und Ihr Umfeld (siehe nächste Übung) geprägt.

Nehmen Sie sich ein Blatt Papier und skizzieren Sie Ihre persönliche Brille. Schreiben Sie anschließend in die Gläser, auf den Steg und neben die Bügel:

1. Ihre prägenden Lebenserfahrungen (zum Beispiel Ihre Erziehung, eine Krankheit, intensive Freundschaften oder Erfolge im Beruf)
2. Ihre Werte (zum Beispiel Ehrlichkeit, Disziplin, Gerechtigkeit, Neugierde oder Hilfsbereitschaft)
3. Ihre Glaubenssätze (zum Beispiel »Zuerst kommt die Familie«, »Geld macht nicht glücklich« oder »Traditionen geben Halt und Orientierung«)

Denken Sie über diese Einflüsse nach und fragen Sie sich:

- Welche drei Erfahrungen in meinem Leben haben die Sicht meiner Brille besonders stark beeinflusst?
- Welche persönlichen Werte oder Glaubenssätze »färben« meinen Blick auf die Welt?

Umfeld-Mindmap erstellen

Schnappen Sie sich ein leeres Blatt Papier oder ein digitales Whiteboard und platzieren Sie sich selbst als Kreis oder Figur in die Mitte. Notieren Sie rund um sich selbst nun die Menschen, mit denen Sie immer wieder kommunizieren. Das können Familienmitglieder, Freunde, Kolleginnen oder Nachbarn sein. Erfassen Sie zusätzlich alle Medien, Podcasts, Bücher oder Social-Media-Kanäle, die Sie regelmäßig konsumieren. Überlegen Sie anschließend: Welche Meinungen, Werte und Weltanschauungen begegnen Ihnen am häufigsten? Gibt es Themen oder Sichtweisen, die kaum oder gar nicht vertreten sind? Frage Sie sich ehrlich:

- Wo bewege ich mich in einer »Blase«?
- Wo könnte ich gezielt nach neuen Personen oder Medien suchen, um frische Denkanstöße zu bekommen?

3. Selbsterkenntnis und produktive Denkweisen fördern

»Karten-Update«

Unsere Überzeugungen wirken wie mentale Landkarten, mit denen wir uns durch die Welt bewegen. Doch was passiert eigentlich, wenn diese Karten veraltet oder lückenhaft sind?

Nehmen Sie sich bewusst Zeit, um Ihre festen Überzeugungen auf den Prüfstand zu stellen (siehe auch Übung »Die kognitive Brille«):

1. Welche meiner Überzeugungen stammen aus früheren Lebensphasen, alten Erfahrungen oder überholten Quellen?
2. Sind sie heute wirklich noch zutreffend?
3. Oder ist es Zeit für ein (Karten-)Update?

In andere Schuhe schlüpfen

Denken Sie an eine Person, mit der Sie gerade eine Meinungsverschiedenheit, einen Konflikt oder eine schwierige Situation erleben. Nehmen Sie sich ein Notizbuch oder ein Blatt Papier zur Hand und zeichnen Sie ein großes Kreuz, das aus den vier Feldern **Sagen**, **Tun**, **Denken und Fühlen** besteht.

Versetzen Sie sich nun in die andere Person hinein und überlegen Sie in kurzen Stichworten oder Sätzen:

1. Was sagt die Person?
2. Wie verhält sie sich?
3. Was denkt sie?
4. Welche Gefühle bewegen sie?

Schauen Sie sich anschließend die einzelnen Felder an: Was überrascht Sie am meisten? Was könnten Sie konkret anders machen, um vorhandene Missverständnisse abzubauen?

4. Handlungsmuster festigen

Die Obama-Power-Fragen

Suchen Sie sich eine nahestehende Person, der Sie vertrauen – zum Beispiel einen guten Kollegen oder eine Freundin. Vereinbaren Sie mit dieser Person regelmäßige »Realismus-Checks« und trainieren Sie dabei den aktiven Widerspruch.

So funktioniert es: Bei den gemeinsamen Treffen wählt eine Person ein privates, berufliches oder gesellschaftliches Thema aus, zu dem sie eine klare Meinung hat, und erzählt darüber. Die befreundete Person hört zunächst aufmerksam zu und stellt anschließend die beiden Obama-Power-Fragen:

- Was ist, wenn du falsch liegst?
- Was könntest du übersehen haben?

Der oder die Befragte antwortet darauf ehrlich, überlegt laut und versucht, alternative Sichtweisen einzubeziehen. Nach etwa 10 bis 15 Minuten tauschen Sie die Rollen und wiederholen das Vorgehen. Reflektieren Sie zum Abschluss kurz gemeinsam: Wie hat es sich angefühlt, bewusst Zweifel zuzulassen? Welche neuen Gedanken sind entstanden?

»Wir sehen die Dinge nicht, wie sie sind, sondern wie wir sind.«[39]

Anaïs Nin

2.9 Der Tocqueville-Effekt
Warum es nicht immer gut ist, wenn es besser wird

Als die Corona-Pandemie im Frühjahr 2020 mit voller Wucht auf Deutschland trifft, erlebt die Arbeitswelt eine historische Revolution. Innerhalb weniger Wochen verlagern Millionen Beschäftigte ihre Arbeitsplätze vom Büro an den heimischen Küchentisch. Was zuvor nur in bestimmten Branchen oder nach individueller Vereinbarung möglich war, wird schlagartig zur neuen Normalität. All das geschieht nicht aus Bequemlichkeit, sondern als Reaktion auf die nationale Ausnahmesituation. Die Pandemie katapultiert das Homeoffice in nie dagewesene Dimensionen. So arbeiten während des zweiten Lockdowns im Frühjahr 2021 zeitweise bis zu 40 Prozent der Erwerbstätigen vollständig von zu Hause aus.[40] Dieser erzwungene Wechsel ins Homeoffice eröffnet nicht nur neue Perspektiven, sondern entfacht auch eine spürbare Welle der Begeisterung. Viele Beschäftigte erleben erstmals, wie produktiv, flexibel und selbstbestimmt sie von zu Hause aus arbeiten können. In dieser Phase werden neue Erwartungen geweckt: Die Mitarbeitenden wünschen sich, dass das Homeoffice auch in Zukunft ein fester Bestandteil der Arbeitswelt bleiben wird.

Mit dem Abklingen der Corona-Pandemie setzt jedoch eine Gegenbewegung ein. Viele Unternehmen beginnen damit, die betriebliche Präsenzpflicht wieder zu erhöhen und die zuvor großzügig gewährten Homeoffice-Tage zu reduzieren. Nach einer langen Phase virtueller Zusammenarbeit sollen vor Ort der persönliche Austausch, die Zusammenarbeit und die Innovationskraft gestärkt werden – Erfolgsfaktoren, die während der Pandemie oft spürbar gelitten haben. Obwohl diese Gründe nachvollziehbar sind, empfinden viele Mitarbeitende die Rückkehr ins Büro als große Provokation: Es kommt vermehrt zu Spannungen, kontroversen Diskussionen und sogar Kündigungen. Die meisten Arbeitnehmerinnen und Arbeitnehmer genießen objektiv gesehen immer noch deutlich mehr Freiheiten als vor der Pandemie; trotzdem steigen ihre Erwartungen weiter und mit ihnen die Unzufriedenheit. Der Grund dafür ist ein Phänomen, das sich *Tocqueville-Effekt* nennt.

Der Tocqueville-Effekt beschreibt das Paradoxon, dass unsere individuelle und kollektive Unzufriedenheit gerade dann besonders stark zunimmt, wenn sich unsere gesellschaftlichen, politischen oder wirtschaftlichen Verhältnisse verbessern. Benannt ist dieses Phänomen nach dem französischen Politikwissenschaftler Alexis de Tocqueville. Bereits im 19. Jahrhundert beobachtete Tocqueville im Zuge der Französischen Revolution, dass Unruhen und Revolutionen häufig nicht in Zeiten größter Not – sondern gerade dann ausbrechen, wenn Reformen eingeleitet wurden und sich erste Fortschritte zeigen.[41] Alexis de Tocqueville erkannte dieses wiederkehrende Muster in der Geschichte und bemerkte, dass Verbesserungen häufig zu mehr Unzufriedenheit und weiteren Forderungen nach Veränderungen führen. Der Begriff »Tocqueville-Effekt« wurde erst später in den modernen Sozialwissenschaften geprägt, um diese überraschende Wechselwirkung zwischen Fortschritt und menschlicher Unzufriedenheit systematisch zu erforschen.*

In unserer heutigen Zeit ist der Tocqueville-Effekt relevanter denn je. Obwohl wir historisch nie da gewesene Verbesserungen im Bereich der Arbeitsbedingungen, Gesundheitsversorgung, Bildungsgerechtigkeit oder persönlichen Freiheiten erleben, beobachten wir gleichzeitig eine wachsende individuelle und gesellschaftliche Unzufriedenheit und Protesthaltung (siehe auch Kapitel zum *Frankenstein-Komplex*). Ein Schlüssel zum Verständnis dieser Entwicklungen liefert der Tocqueville-Effekt: Gerade, weil wir Fortschritt und Verbesserungen erfahren, wächst unser Bewusstsein für noch bestehende Defizite – und mit ihm unsere Erwartungshaltung und unsere Empfindlichkeit gegenüber vermeintlichen Rückschritten. An sich ist das auch gar nicht schlecht. Historisch betrachtet hatte der Tocqueville-Effekt oft sehr positive Konsequenzen. Demokratische Initiativen wie die Arbeiterbewegung, die Bürgerrechtsbewegung in den USA oder die Eman-

* Tocquevilles Beobachtungen wurden später durch Konzepte wie die »Revolution der steigenden Erwartungen« von Harlan Cleveland (1970) und die »J-Kurven-Theorie« von James Chowning Davies (1962) ergänzt, die betonen, dass Revolutionen häufig auf Phasen des Fortschritts folgen, wenn plötzliche Rückschritte die Kluft zwischen den Erwartungen und den realen Entwicklungen vergrößern.

zipation der Frauen beweisen, dass gestiegene Erwartungen nicht nur Frust erzeugen, sondern auch nachhaltige Mobilisierungskräfte freisetzen und für positiven Wandel sorgen können. Überall dort, wo die Hoffnung wächst, wächst offensichtlich auch unsere Bereitschaft, für Veränderungen zu kämpfen.

In unserer heutigen Wohlstandsgesellschaft hat der Tocqueville-Effekt jedoch mehr und mehr eine ambivalente oder sogar destruktive Rolle eingenommen. Da in unseren westlich freiheitlichen Demokratien die Grundbedürfnisse weitgehend erfüllt sind, streben wir mit unseren Erwartungen nicht mehr nach existenziellen Verbesserungen, sondern zunehmend nach Perfektion. Arbeit soll nicht nur finanzielle Sicherheit geben, sondern Erfüllung bieten; Politik soll heute nicht mehr nur gestalten, sondern wechselnde Emotionen der Bürgerinnen und Bürger bedienen; wichtige Informationen sollen nicht mehr nur zugänglich gemacht, sondern am besten in einem TikTok-Clip vorgetanzt werden. Unsere ständig wachsenden Erwartungen und Ansprüche übersteigen längst das, was Politik, Wirtschaft und Gesellschaft realistisch leisten können. Die Folge: Gefühle kollektiver Frustration, Empörung oder Kränkung, die unseren gesellschaftlichen Zusammenhalt untergraben. Populistische Strömungen, Wutbürgertum und Vertrauensverluste in demokratische Institutionen lassen sich daher auch als Reaktion auf die gefühlte Diskrepanz zwischen unseren hohen Erwartungen und der Realität deuten.

Diese hohen Erwartungen entstehen natürlich nicht im luftleeren Raum. Sie sind das Produkt kultureller Narrative, medialer Debatten, materialistischer und defizitorientierter Denkweisen – und kognitiver Verzerrungen. Spätestens seit dem Kapitel über den *Nirwana-Trugschluss* wissen wir, dass das kontinuierliche Einfordern »perfekter« Lösungen keine gute Idee ist. Wenn selbst kleinste Abweichungen von einem gefühlten Idealzustand immer wieder skandalisiert und über die sozialen Medien weiter emotionalisiert werden, sind »gute« Kompromisse oder Verbesserungen kaum noch möglich. Das Resultat ist eine anhaltende Empörungs- und Meckerkultur, die echten Fortschritt nicht nur erschwert, sondern zunehmend verhindert. Es ist wie in einem heimeligen Raum, in dem wir die Heizung immer weiter aufdrehen. Je wärmer es im Raum wird, desto empfindlicher reagieren wir auf die kleinste Zugluft oder ein bisschen Abkühlung – bis wir irgendwann gar nicht mehr vor die Tür gehen wollen.

Um diesen negativen Entwicklungen entgegenzuwirken, brauchen wir ein Umdenken auf mehreren Ebenen. Ein erster wichtiger Schritt wäre, dass wir alle eine radikal ehrliche »Erwartungshygiene« betreiben. Das heißt, dass wir unsere Erwartungshaltungen und Ansprüche an Politik, Wirtschaft, Medien und Gesellschaft kritisch überprüfen und uns fragen sollten, welche davon tatsächlich wichtig, notwendig und nachhaltig sind. Statt immer neue Forderungen zu stellen, sollten wir selbst mehr Verantwortung übernehmen, Kompromisse eingehen und unsere eigene Rolle im öffentlichen Leben, am Arbeitsplatz oder im privaten Umfeld bewusster reflektieren. Das bedeutet, immer wieder zwischen dringlichen gesellschaftlichen Anliegen und Reformen, für die es sich wirklich zu kämpfen lohnt, und überzogenem Anspruchsdenken zu unterscheiden. Ebenso gilt es anzuerkennen, dass nicht jede Veränderung zwingend notwendig ist oder ohne die eigene aktive Mithilfe möglich wird.

Das gilt heute in besonderem Maße für die hohen Anforderungen, die wir an Führungskräfte in unserem Land stellen. Wir erwarten von ihnen – Achtung, Anglizismenalarm! – einen ganzen Blumenstrauß »zukunftsweisender« Führungsstile: Empathic, Servant, Agile, Transformational, Purpose-driven, Authentic, Value-based, Inclusive und, nicht zu vergessen, Digital Leadership.* Und das ist nur eine kleine Auswahl heutiger Führungskonzepte, deren Nutzen und Substanz durchaus hinterfragt werden dürfen. Die Fragen, die wir uns jedoch zu allererst stellen sollten: Meinen wir das wirklich ernst? Wollen wir mit diesem Irrsinn wirklich so weitermachen? Ich habe in Unternehmen immer wieder selbst miterleben müssen, wie Führungskräfte unter der Last überzogener und ständig wechselnder Erwartungen von Kunden, Mitarbeitenden und Geschäftsleitung allmählich ausgebrannt sind. Das ist auch einer der Hauptgründe, warum immer weniger Menschen in Deutschland dazu bereit

* Auf Deutsch: Empathische, dienende, agile, transformatorische, zweckorientierte, authentische, werteorientierte, inklusive und natürlich digitale Führung.

sind, Führungspositionen und strategische Verantwortung zu übernehmen. All das muss sich ändern. Denn unfehlbare Superheldinnen und -helden gibt es leider nur im Marvel-Kosmos, aber nicht in der Realität. Erst wenn wir Führung von all unseren überzogenen Erwartungen und inflationären Buzzwords (er)lösen, können wir ihre natürlichen Grenzen erkennen und sie von all dem Ballast befreien, der ihrer notwendigen Neuausrichtung im Wege steht.

Gleichzeitig muss auch die Politik ihre bisherigen Verhaltensmuster überdenken und ein Erwartungsmanagement mit mehr Bodenhaftung betreiben. Politikerinnen und Politiker, die ihren Bürgerinnen und Bürgern weiterhin »Rundum-Sorglos-Pakete« versprechen, während sie gleichzeitig unangenehme Wahrheiten oder notwendige Einschnitte ausklammern, müssen zwangsläufig scheitern. Wie uns der Tocqueville-Effekt gezeigt hat, sind es gerade die unerfüllten Versprechen der Politik, die zu Vertrauensverlusten, Frustration und Politikverdrossenheit führen. Sie bilden einen idealen Nährboden für populistische oder extremistische Strömungen, die vermeintlich »ehrlichere« Alternativen anbieten. Darüber hinaus erzeugt diese Art der Politik eine fortschrittsfeindliche Erwartungshaltung. Eine Politik, die alles regeln will, nimmt den Bürgerinnen und Bürgern die Verantwortung, selbst mitzudenken, Ideen zu entwickeln und sich aktiv einzubringen. An die Stelle von gesellschaftlichem Pioniergeist, Unternehmertum und aktiver Mitgestaltung tritt die Haltung, dass »die Politik« der Reparaturbetrieb für sämtliche gesellschaftlichen Probleme ist. Die Folge: Wir gewöhnen uns an eine passive, konsumierende Haltung, die uns träge, bequem – und unmündig macht.

Das muss sich dringend ändern, wenn wir auch in Zukunft ein Land der Weltmarktführer, »Hidden Champions« und Vordenker bleiben wollen. Wie bereits vor knapp 30 Jahren muss durch Deutschland wieder »ein Ruck gehen«*, der mit realistischen Zielen, Erwartungen und dem Mut zu unbequemen Veränderungen verbunden ist. Das Wissen über den Tocqueville-Effekt kann uns hierbei eine wertvolle Hilfe sein.

Der Tocqueville-Effekt

Darum geht's

Der Tocqueville-Effekt beschreibt das paradoxe Phänomen, dass soziale Unzufriedenheit und revolutionäre Strömungen gerade dann zunehmen, wenn sich unsere Lebens- oder Arbeitsbedingungen bereits verbessert haben. Unsere Erwartungen steigen schneller als die von uns wahrgenommenen Fortschritte. Diese Diskrepanz kann zu Frustration und kollektiver Unzufriedenheit führen.

---

* Der Ausspruch »Es muss ein Ruck durch das Land gehen« stammt aus einer vielbeachteten Rede des damaligen Bundespräsidenten Roman Herzog, die er am 26. April 1997 beim Berliner »Hotel Adlon« gehalten hat. Die Rede wurde später unter dem Titel »Aufbruch ins 21. Jahrhundert« bekannt.

Warum es ihn gibt

Nicht der absolute Mangel, sondern die gefühlte Lücke zwischen dem, was wir haben, und dem, was wir glauben, haben zu sollen, erzeugt Frustration. Dieser Mechanismus wird in der Psychologie auch als »relative Deprivation« bezeichnet. Fortschritt führt deshalb nicht nur zu Zufriedenheit, sondern kann auch Unzufriedenheit und Protest begünstigen.

Das können Sie konkret tun (PUSH-Modell©)

1. Problembewusstsein schärfen

1. Welche zuletzt erlebte Enttäuschung ging eher auf unrealistische Erwartungen als auf objektiv nachvollziehbare Gründe zurück?
2. Welche Erwartungen stelle ich an andere – und wie realistisch und fair sind sie eigentlich?
3. Welche Verbesserungen erlebe ich in meinem Leben, die ich als selbstverständlich empfinde?

2. Umfeld erforschen

Social-Media-Scan

Verbringen Sie einen ganzen Tag als bewusster Beobachter Ihres Social-Media-Konsums und -Verhaltens. Halten Sie bei allen Inhalten, die bei Ihnen den Impuls »Andere besitzen mehr; haben mehr erreicht; leben besser« auslösen, kurz inne und notieren Sie (in einer Notizenapp oder einem kleinen Notizbuch):

1. Um welche Dinge oder Inhalte geht es hier genau?
2. Welche Erwartung oder Unzufriedenheit wurde dadurch in Ihnen ausgelöst?
3. Was ist der Grund dafür?

Ziehen Sie am Abend Bilanz: Wie oft haben Sie sich verglichen? Haben diese Vergleiche Ihren Tag wirklich bereichert oder eher Ihre Erwartungen und Unzufriedenheit befeuert?

Persönlicher Fortschrittstracker

Ganz oft übersehen wir, was wir bereits (erreicht) haben, weil es zu schnell zur neuen Normalität wird.

Wählen Sie einen Lebensbereich oder ein konkretes Projekt aus, an dem Sie in den letzten Monaten regelmäßig gearbeitet haben. Nehmen Sie dann 10 bis 20 Post-its und schreiben Sie auf jeden Zettel einen kleinen, realen Fortschritt: Dinge, die heute besser sind oder laufen als früher, auch wenn sie Ihnen inzwischen selbstverständlich erscheinen. Hängen Sie die Zettel anschließend gut sichtbar an eine Tür, einen Schrank oder eine Wand.

So machen Sie sichtbar, was ansonsten untergeht, und durchbrechen die unbewusste Dynamik ständig wachsender Ansprüche und latenter Unzufriedenheit. Fragen Sie sich zum Abschluss:

Welcher dieser Fortschritte hätte mich vor ein paar Monaten richtig stolz gemacht?

3. Selbsterkenntnis und produktive Denkweisen fördern

Fortschritt vs. Erwartungen

Nehmen Sie sich einmal pro Woche bewusst Zeit, um sich über aktuelle Entwicklungen in Gesellschaft, Politik oder Technologie zu informieren – etwa durch Artikel, Videos, Podcasts oder Fachbeiträge. Lenken Sie Ihren Fokus dabei auf das Zusammenspiel von Fortschritt und Erwartungen:

1. Welche konkreten Verbesserungen oder Innovationen werden hervorgehoben?
2. Welche neuen Ansprüche und Erwartungen werden dadurch geweckt?
3. Wo wird von einer Entwicklung mehr erwartet, als sie bisher leisten kann?

Reflektieren Sie im Anschluss, wie diese Informationen Ihre eigenen Erwartungen beeinflusst haben und wo Sie zukünftig vielleicht eine realistischere, differenziertere Haltung einnehmen möchten.

Realistisch oder überzogen?

Wir alle haben Erwartungen an andere: Teammitglieder, Vorgesetzte, politisch Verantwortliche oder nahestehende Menschen. Manche dieser Erwartungen sind berechtigt und notwendig für Fortschritt und ein gutes Miteinander, andere hingegen beruhen auf unausgesprochenen Annahmen oder idealisierten Vorstellungen, die für unser Gegenüber kaum erfüllbar sind.

Notieren Sie mindestens drei konkrete Erwartungen, die Sie aktuell an andere stellen (zum Beispiel »Mein Arbeitgeber soll mir maximale Flexibilität bieten« oder »Meine Partnerin sollte merken, wenn es mir nicht gut geht«). Fragen Sie sich anschließend zu jeder dieser Erwartungshaltungen:

1. Ist sie realistisch und fair?
2. Habe ich sie offen kommuniziert – oder erwarte ich stillschweigend, dass sie erfüllt wird?
3. Empfände ich diese Erwartung als gerecht, wenn sie an mich gestellt würde?

Erkennen Sie Erwartungen, die überzogen oder nicht zu Ende gedacht sind? Wenn ja, formulieren Sie sie als faire und konkrete Bitte oder verabschieden Sie sich von ihnen.

4. Handlungsmuster festigen

Eigenverantwortungschallenge: vom Motzen zum Machen!

Hand aufs Herz! Wie oft haben Sie sich in Ihrem Leben schon gedacht oder gesagt: »Warum kümmert sich da niemand drum?« oder »Das müsste doch mal jemand ändern!« – dabei aber ganz übersehen, dass dieser »jemand« auch Sie selbst hätten sein können?

Beginnen Sie mit einem ehrlichen Check: In welchen Bereichen Ihres Lebens, Ihrer Arbeit oder Ihres sozialen Umfelds formulieren Sie immer wieder klare Erwartungen an andere, bleiben selbst aber passiv? Notieren Sie sich drei solcher typischen Situationen und wählen Sie eine davon aus, bei der auch Sie aktiv etwas tun könnten. Machen Sie sich anschließend Gedanken und formulieren Sie mindestens eine konkrete Aktion, die Sie innerhalb der nächsten sieben Tage selbst umsetzen werden.

Bitte beachten Sie: Ziel dieser Übung ist es nicht, die Welt, sondern Ihre Haltung zu verändern – vom passiven Nörgeln zum (pro)aktiven Mitgestalten.

»Es ist mir schon seit Längerem aufgefallen, dass sich fähige Menschen selten zurücklehnten und darauf warteten, dass ihnen die Dinge zustießen. Sie gingen hinaus und stießen den Dingen zu.«[42]

Leonardo da Vinci

APOLLO
NASA

2.10 Das Gesetz der Trivialität

Warum wir zu große Debatten über das Kleine führen

Als die NASA in den 1960er-Jahren ihr Apollo-Programm startet, geht es um nichts Geringeres als die erste bemannte Mondlandung der Menschheitsgeschichte. Um dieses kühne Ziel zu erreichen, ist ein beispielloser technologischer und politischer Kraftakt notwendig. Unzählige Entscheidungen müssen getroffen, Probleme gelöst und völlig neuartige Lösungen entwickelt werden. Mitten in diesem Wettlauf zum Mond tüfteln Ingenieurinnen und Ingenieure des renommierten Massachusetts Institute of Technology (MIT) an einer bahnbrechenden Neuerung: Sie programmieren eine der ersten digitalen Steuerungssoftwares der bemannten Raumfahrt. Diese Software soll das Raumschiff mit einem Speicherplatz von nur wenigen Kilobytes in Echtzeit durch den Weltraum navigieren – eine technische Meisterleistung, die den Grundstein für die Zukunft der Raumfahrt legen wird. Für die größte Aufmerksamkeit sorgt jedoch nicht die spektakuläre Navigationssoftware, die algorithmische Steuerung oder die Triebwerke, sondern ein vergleichsweise nebensächliches Thema: das Design der Raumanzüge.

Während die technisch komplexen Themen weitgehend unbeachtet bleiben, stoßen die Gestaltung und die Herstellung der Raumanzüge auf ein breites Interesse. Einer der Gründe hierfür ist die Entscheidung der NASA, die Entwicklung der

Anzüge an eine Tochterfirma von Playtex, einem auf Damenunterwäsche spezialisierten Unternehmen, zu vergeben. Dass ein »BH-Hersteller« die Ausrüstung für die Mondmission liefern soll, wird in öffentlichen und internen Debatten heiß diskutiert. In stundenlangen Meetings und Sitzungen geht es auf einmal kaum noch um sicherheitskritische Themen wie die Explosionsgefahr durch Druckventile oder mögliche Softwarefehler, sondern vor allem um Nähte, Reißverschlüsse, Stofflagen und Farbtöne. Obwohl es sehr viel kritischere und wichtigere Komponenten gibt, entwickeln sich die Anzüge zu einem der umstrittensten, sichtbarsten und symbolträchtigsten Elemente der gesamten Mission. Dieses Missverhältnis lässt sich durch ein einflussreiches psychologisches Phänomen erklären: das *Gesetz der Trivialität.*

Das Gesetz der Trivialität zeigt, wie schwer es uns Menschen fällt, unsere Aufmerksamkeit und unsere Ressourcen rational zu verteilen. Gerade bei komplexen Herausforderungen neigen wir dazu, uns unverhältnismäßig intensiv mit trivialen, leicht verständlichen Details zu beschäftigen, während wir die wirklich kritischen Themen weitgehend ignorieren oder schnell abhandeln. Die Geschichte über die Apollo-Raumanzüge ist ein Paradebeispiel für dieses Phänomen. Die Raumanzüge waren wichtig – ohne Frage. Aber sie waren sicher nicht das Herzstück des 25 Milliarden Dollar* schweren

* Die Gesamtkosten für das Apollo-Programm, das von 1961 bis 1972 betrieben wurde, beliefen sich damals auf 25,4 Milliarden US-Dollar. Heute entspräche diese Summe inflationsbereinigt etwa 150 bis 160 Milliarden US-Dollar.

Apollo-Programms. Trotzdem wurde ihnen sowohl in der Öffentlichkeit als auch in internen Entscheidungsprozessen überproportional mehr Aufmerksamkeit gewidmet als den wirklich erfolgskritischen Themen. Ein triviales Objekt wie ein Kleidungsstück degradierte die revolutionäre Navigationssoftware, die mit minimaler Rechenleistung und ohne jede Fehlertoleranz unter extremen Bedingungen funktionieren musste, zu einer Randerscheinung. Warum? Weil wir Menschen uns lieber auf das fokussieren, was wir leichter verstehen können – und das ist oft das Nebensächliche. Während eine Software abstrakt, schwer zu erklären und somit kaum greifbar ist, ist ein Raumanzug sichtbar, berührbar und gut zu verstehen. Genau deshalb wurde er außergewöhnlich stark wahrgenommen und intensiv diskutiert.

Das Gesetz der Trivialität (engl. *The Law of Triviality*), das auch als »Bike-Shedding-Effekt« bekannt ist, wurde Mitte des 20. Jahrhunderts vom britischen Historiker und Verwaltungsforscher Cyril Northcote Parkinson beschrieben.[43] In einem berühmten Beispiel berichtet Parkinson darüber, wie ein Komitee über den Neubau eines Atomreaktors debattiert. Während der Bau des Reaktorkerns für 10 Millionen Pfund in nur zweieinhalb Minuten durchgewunken wird, diskutieren die Mitglieder fast eine Stunde lang über die Frage, wie der 350 Pfund teure Fahrradschuppen (engl. *Bike Shed*) für die Angestellten aussehen soll. Sie erahnen bereits den Grund: Der Aufbau und die Funktionsweise eines Reaktors sind zu komplex, um sie vollständig zu durchdringen. Der Fahrradschuppen hingegen ist so einfach zu verstehen, dass jeder mitreden kann – und genau das wird dann auch getan.

Dieses Verhalten lässt sich in nahezu allen Bereichen unserer öffentlichen, politischen und unternehmerischen Debatten beobachten. Wir diskutieren mit erstaunlicher Leidenschaft und Ausdauer über Nebensächlichkeiten: Gendersternchen, Tempolimits, Grillsaucennamen, korrekte Spielplatzbezeichnungen, Winnetou oder die Aktentasche des ehemaligen Bundeskanzlers*. Gleichzeitig finden fundamental wichtige Themen wie die Neuausrichtung Europas, nachhaltige Mobilitätskonzepte, Bildung im KI-Zeitalter oder die langfristige Sicherung von Wohlstand, Demokratie und ökologischen Lebensgrundlagen in der breiten Öffentlichkeit kaum statt. Besonders stark ausgeprägt ist dieses Phänomen in den sozialen Netzwerken. Was emotionalisiert und spaltet, wird geteilt. Was differenziert, erklärt und länger als 280 Zeichen ist, wird »weggeswipt«. Die Algorithmen sozialer Medien sind Trivialisierungsverstärker – und unsere öffentlichen Debatten folgen mehr und mehr dieser Logik. Das Ergebnis: Wirklich wichtige Zukunftsthemen und -reformen werden

* Im Jahr 2022 wird die alte Aktentasche von Olaf Scholz in den sozialen Medien und Boulevardmedien zum großen öffentlichen Thema. Die *Bild*-Zeitung widmet der Tasche in der Folge gleich mehrere Artikel (unter anderem »Das Geheimnis hinter der Kanzler-Aktentasche«). Zur gleichen Zeit ist Deutschland mit gewaltigen Herausforderungen konfrontiert: dem Ukraine-Krieg, dem Thema Energieunsicherheit und den Folgen der Corona-Pandemie.

von einem Nebel der Nebensächlichkeiten überdeckt und kaum noch wahrgenommen.

Ähnliches kennen wir aus unserem privaten Alltag. Wir können mit unserer Partnerin oder unserem Partner jahrelang darüber diskutieren, wie man die Spülmaschine korrekt einräumt (»Die Teller gehören nach hinten!«) oder die Wäsche richtig aufhängt (»Warum machst du da zwei Klammern hin – eine reicht völlig!«). Wir schaffen es aber ganz oft nicht, offen über persönliche Wünsche und Bedürfnisse zu sprechen, die für die gemeinsame Zukunft weitaus wichtiger wären. Auch in vielen Unternehmen und Verwaltungen tappen wir immer wieder in die Trivialisierungsfalle. In stundenlangen Business-Meetings werden PowerPoint-Folien aufgehübscht und mit »innovativen Ansätzen« gefüllt, während über die praktische Umsetzung des Ganzen kein Wort verloren wird. In Verwaltungen werden endlose Diskussionsrunden um die korrekte Formulargestaltung oder das Häkchen an der richtigen Stelle gedreht; die zukunftsrelevanten Themen Bürokratieabbau oder Digitalisierung – vernachlässigbar.

Das alles hat spürbare Folgen. Wenn wir als selbst ernanntes Land der »Dichter, Denker und Erfinder« unsere Aufmerksamkeit und geistigen Kapazitäten zunehmend auf einfache und oft belanglose Themen lenken, hat das unmittelbare Auswirkungen auf unser kollektives Urteils- und Handlungsvermögen: Wir verlieren unseren Blick und unser Gespür für das wirklich Wesentliche. Wir sind immer weniger dazu bereit, uns den unbequemen und herausfordernden Themen unserer Zeit mit der nötigen Tiefe zu stellen und nach innovativen Lösungen zu suchen. Wie im Kapitel zum *Ambiguitätseffekt* geschrieben, beschäftigen wir uns lieber mit dem Allgemeinen, dem Oberflächlichen und dem bereits Bekannten. Differenziertes Denken und Diskursfähigkeit verkümmern, und wir werden anfälliger für verkürzte Erklärungen, populistische Parolen und Vereinfachungen, die komplexe Zusammenhänge ganz bewusst ignorieren. Dadurch entstehen riskante blinde Flecken und Wissenslücken: Wer gar nicht verstehen möchte, wie menschliche Beziehungen, digitale Technologien oder demokratische Prozesse im Kern funktionieren, kann weder im Alltag noch an der Wahlurne gut begründete Entscheidungen treffen.

Doch wie können wir der Trivialisierungsfalle entkommen? Ein erster und entscheidender Schritt wäre es, Komplexität nicht länger als lästig oder bedrohlich zu empfinden, sondern als das zu erkennen, was sie ist: das Resultat einer vielfältigen, dynamischen Welt und eine Einladung zum Zusammenarbeiten, Lernen und Austauschen. Wer sich bei wichtigen Themen bewusst die Zeit nimmt, genauer hinzusehen, hinzuhören und Fragen zu stellen, wird nicht nur Hashtags, Triviales und Empörung wahrnehmen, sondern neue Perspektiven, Zusammenhänge und Möglichkeiten entdecken. Wir müssen verstehen, dass differenziertes Denken kein Zeichen von Unsicherheit und Schwäche, sondern von Wissbegier, Reife und Verantwortungsbewusstsein ist.

Genau diese Art zu denken müssen wir in Zukunft vor allem in unseren Schulen und Bildungseinrichtungen fördern. Wir brauchen Menschen, die sich zutrauen, in komplexen Zusammenhängen zu denken, Unsicherheiten auszuhalten und reflektierte Entscheidungen zu treffen. Diese Kompetenzen entwickeln sich jedoch nicht durch das sture Auswendiglernen bekannter Inhalte oder das bloße Bestehen von Multiple-Choice-Tests. Vielmehr müssen wir neue Lernformen entwickeln, die kreatives Denken, Reflexion und die Arbeit an real existierenden Problemen fördern. Wissenschaftliche Studien belegen, dass Schülerinnen und Schüler, die gezielt ermutigt werden, komplexe Zusammenhänge zu erforschen, nicht nur besser mit Mehrdeutigkeiten umgehen, sondern auch kreativer und entschlossener handeln. Erstaunlicherweise formen spielerisches Experimentieren und akzeptiertes Scheitern das Gehirn auf eine Art und Weise, dass es Komplexität nicht nur toleriert, sondern regelrecht sucht.[44]

Neben dem Bildungsbereich tragen aber auch die Medien Verantwortung. Neben Clickbait* und Content-Flut brauchen wir noch viel mehr Formate, die eine tiefe Auseinandersetzung mit wichtigen Themen ermöglichen: spannende Podcasts, wissenschaftliche YouTube-Kanäle, investigative Dokumentationen, gut recherchierte Artikel[45]. In diesem Zu-

* Clickbait bezeichnet reißerische oder irreführende Überschriften und Bilder von Online-Inhalten, die eine emotionale Reaktion bei Lesenden auslösen sollen, um möglichst viele Klicks zu generieren. Der Begriff setzt sich aus den englischen Wörtern »click« (Klick) und »bait« (Köder) zusammen.

sammenhang sollten wir gerade digitale Technologien intelligenter nutzen. Wie wäre es, wenn wir KI in Zukunft nicht nur als Nachrichtenfilter oder Text- und Bildgenerator einsetzen, sondern als echten Relevanzverstärker? Algorithmen, die nicht nur Klicks, Verweildauer und Werbeeinnahmen maximieren, sondern gesellschaftlich wichtige und bildungsrelevante Themen sichtbar machen, könnten dabei helfen, unsere öffentliche Aufmerksamkeit in neue Bahnen zu lenken. Weg von der Illusion der Einfachheit und dem Gesetz der Trivialität, hin zu mehr Neugier und Lust auf das Herausfordernde.

Das Gesetz der Trivialität

Darum geht's

Sozialpsychologisches Phänomen, das zeigt, dass wir bei komplexen Problemen unsere Aufmerksamkeit oft auf einfache, leicht verständliche Details richten, während wir deutlich kritischere Themen vernachlässigen oder ignorieren.

Warum es existiert

Unser begrenztes kognitives System neigt dazu, sich auf leicht verständliche und emotional wenig belastende Themen zu konzentrieren, um den Entscheidungsaufwand zu minimieren. Darüber hinaus vermitteln triviale Themen Menschen ein Gefühl von Sicherheit, das die soziale Bindung in Gruppen stärkt.

Das können Sie konkret tun (PUSH-Modell©)

1. Problembewusstsein schärfen

1. Über welches, eigentlich unwichtige Thema habe ich zuletzt übermäßig lange diskutiert?
2. Welche trivialen Diskussionen in meinem Alltag verlaufen in der Regel immer gleich?
3. Wie oft lenkt mich die Beschäftigung mit unwichtigen Themen von wirklich bedeutsamen Aufgaben ab?

2. Umfeld erforschen

»Trivial Pursuit« – Auf der Jagd nach Trivialem

Beobachten Sie eine Woche lang ganz bewusst alle Meetings und Treffen, an denen Sie teilnehmen – beruflich, im Verein oder im privaten Umfeld. Notieren Sie bei jeder Besprechung grob, wie viele Minuten auf triviale Themen entfallen. Also auf Inhalte, die leicht verständlich oder nebensächlich sind.

Listen Sie am Ende der Woche die drei Trivialthemen auf, die besonders viel Raum eingenommen haben. Reflektieren Sie anschließend, welche dieser Themen wirklich relevant waren und welche man zukünftig lieber kürzen oder ganz streichen sollte.

Alltags-Check-Out

Beenden Sie Ihren Tag mit einer kurzen, aber wirkungsvollen Reflexionsroutine. Nehmen Sie sich jeden Abend ein paar Minuten Zeit und notieren Sie drei Themen oder Gespräche, die Sie tagsüber besonders beschäftigt haben. Fragen Sie sich bei jedem dieser Themen ehrlich:

1. War das wirklich wichtig für meine Ziele, mein Wohlbefinden oder meinen Alltag?
2. Welche Themen haben mir rückblickend Energie gegeben, welche eher geraubt?
3. Auf welche wirklich wichtigen Themen möchte ich morgen mehr achten?

Mit dieser täglichen Rückschau richten Sie Ihren Fokus gezielt auf das, was wirklich zählt, und entlarven nebenbei die kleinen und großen Trivialitäten Ihres Alltags.

3. Selbsterkenntnis und produktive Denkweisen fördern

Die Kraft der Stille

Gerade im Zeitalter der sozialen Medien entsteht leicht das Gefühl, überall mitdiskutieren und eine Meinung haben zu müssen. Doch die harte Wahrheit ist: Nicht jede Diskussion braucht Ihren Beitrag! Sich aufmerksam der eigentlichen Sache zu widmen, kann oft wertvoller sein als ein zwanghafter, oberflächlicher Beitrag.

Probieren Sie es aus: Verzichten Sie in einer Ihrer nächsten privaten oder beruflichen Gruppendiskussionen bewusst darauf, etwas zu sagen – besonders dann, wenn Sie spüren, dass Ihr Beitrag keinen wirklichen Mehrwert bieten würde.

Halten Sie die Stille aus, ohne sich rechtfertigen oder künstlich etwas sagen »zu müssen«. Achten Sie darauf, wie es Ihnen dabei geht: Spüren Sie Erleichterung, Unbehagen oder vielleicht sogar eine neue Form von Stärke?

Ein tieferes Verständnis gewinnen? Genau!

Im Alltag geben wir uns oft mit oberflächlichen Antworten zufrieden, ohne wirklich ein tieferes Verständnis eines Themas oder Sachverhalts zu gewinnen. Ein vermeintlich unscheinbares Wort kann Ihnen dabei helfen, dies effektiv zu ändern.

Ergänzen Sie wichtige Fragen in Zukunft einfach mit dem Wörtchen »genau«:

1. Wie **genau** machen Sie das?
2. Woran **genau** erkennst du das?
3. Woher wissen Sie das **genau**?

»Genau-Fragen« ermöglichen Ihnen ein tieferes Verständnis, weil sie Ihr Gegenüber dazu bringen, über oberflächliche Antworten hinauszugehen und sich auf konkrete Details zu konzentrieren. Dabei profitieren nicht nur Sie als Fragender von diesem Power-Wort, sondern auch die Person, die Sie befragen.

4. Handlungsmuster festigen

Lust auf Komplexität

Greifen Sie ein Thema auf, das Sie schon lange fasziniert, bisher aber aufgeschoben haben, weil es zu komplex oder »zu groß« wirkte. Egal ob Kryptowährungen, Robotik, Generationengerechtigkeit, Zukunft der Arbeit oder Klimaschutz: Treffen Sie ganz bewusst die Entscheidung, sich dieser thematischen Herausforderung zu stellen, und gestalten Sie Ihren individuellen Lernpfad.

Überlegen Sie konkret, wie Sie sich in den kommenden Wochen und Monaten Schritt für Schritt in Ihr Wunschthema vertiefen möchten: zum Beispiel mit inspirierenden Büchern, spannenden Podcasts, anregenden Fachgesprächen oder praxisnahen Online-Kursen. Setzen Sie sich erreichbare Etappenziele und reflektieren Sie, wie Sie Ihr neues Wissen künftig privat oder beruflich gewinnbringend einsetzen können.

»Machen Sie unbedeutende Dinge nicht bedeutender, als sie sind.«[46]

Dai Vernon

3 Mind the gap!

London, Mitte der 1960er-Jahre. Die »London Underground«, das U-Bahn-System der Stadt, ist das pulsierende Herz der britischen Metropole. Die »Tube«, wie die Londoner sie liebevoll nennen, hat sich über die Jahrzehnte zu einem weit verzweigten Labyrinth aus Tunneln, Bahnhöfen und Linien entwickelt. Doch mit der Größe und den steigenden Fahrgastzahlen kommen auch die Probleme. Ein bestimmtes Problem sticht dabei besonders heraus: An vielen älteren Stationen mit gebogenen Bahnsteigen wie »Embankment« oder »Bank«, klafft eine gefährliche Lücke zwischen dem Zug und dem Bahnsteig. Immer wieder passieren kleine Unfälle, Leute stolpern, manche verletzen sich sogar schwer.

London Transport, die staatliche Behörde, die für den Betrieb der U-Bahn verantwortlich ist, steht vor einer Herausforderung: Wie kann man die Menschen auf diese unsichtbare Gefahr aufmerksam machen? Die Lösung muss einfach, prägnant, verständlich – und wirksam sein. Technik- und Betriebsteams entwickeln daraufhin gemeinsam die Idee, eine kurze Warnung anzusagen: »Mind the gap!« (dt. *»Achtung, Lücke!«*). Anfangs wird die Warnung noch von den Zugführern selbst ausgesprochen. Doch das ist sehr anstrengend und geht im täglichen Gedränge der Stationen oft unter. Seit dem Ende der 1960er-Jahre wird die Warnung deshalb punktgenau und immer gut verständlich als automatische Lautsprecherdurchsage übermittelt. Für die Aufnahme der Durchsage ist der Toningenieur Peter Lodge verantwortlich, dessen Stimme erstmals 1969 an den Bahnsteigen der Station »Embankment« zu hören ist.

Im Laufe der Jahre kommen viele weitere Stationen sowie neue Sprecherinnen und Sprecher hinzu, doch eines bleibt unverändert: die vertraute Warnung »Mind the gap!«. Längst ist sie mehr als nur ein Sicherheitshinweis – sie ist zu einem festen Bestandteil der Londoner Identität geworden.

Sicher fragen Sie sich gerade, warum ich Ihnen am Ende meines Buches diese Geschichte erzähle. Den Grund verrate ich Ihnen gerne: Auch wir haben ein enormes Problem mit einer »Lücke« – der Lücke in unseren Köpfen. Genauer gesagt mit der *Intentions-Verhaltens-Lücke* (engl. *Action-Intention-Gap*). Sie beschreibt das Phänomen, dass wir Menschen oft die Absicht haben, unser Verhalten zu ändern, es in der Praxis dann aber nicht tun. Diese Diskrepanz zwischen bester Absicht (Intention) und tatsächlichem Verhalten wird in der Wissenschaft als Intentions-Verhaltens-Lücke bezeichnet. Zu Beginn des Buches haben Sie bereits ein paar typische Beispiele kennengelernt: Wir alle wissen, dass wir gesünder essen, mehr Sport machen, früher aufstehen und nachhaltiger konsumieren sollten – doch immer wieder, wenn es darauf ankommt, klafft da diese Lücke in unserem Kopf, die so unüberwindbar scheint wie der Grand Canyon.

So weit, so schlecht. Doch was können wir daraus lernen? Wir können lernen, dass es nicht ausreicht, Probleme nur zu kennen oder immer wieder zu analysieren. Über ein Problem Bescheid zu wissen, ist ein erster wichtiger Schritt, keine Frage. Dieser Schritt alleine bewirkt aber kaum etwas. Ähnlich verhält es sich mit den Inhalten dieses Buches. Die Tatsache, dass Sie es bis hierher geschafft und sich Wissen über zehn weitreichende Denk- und Fortschrittsfallen angeeignet haben, verschafft Ihnen einen ersten entscheidenden Vorteil: Wissenschaftliche Studien haben gezeigt[47], dass bereits die Sensibilisierung für kognitive Verzerrungen Menschen dabei helfen kann, Voreingenommenheit in ihren eigenen Urteilen zu erkennen und bessere Entscheidungen zu treffen.

Eine wirklich nachhaltige Weiterentwicklung werden Sie jedoch erst dann erzielen, wenn Sie sich immer wieder mit den Praxisteilen des Buches beschäftigen (was Sie im besten Fall schon getan haben). In dem Moment, in dem Sie sich nicht nur theoretisch, sondern auch ganz praktisch mit den einzelnen Denkfallen auseinandersetzen und bewusste Schritte unternehmen, diese zu erforschen und zu überwinden, beginnt echter Wandel. Jeder noch so kleine Impuls, den Sie in die Praxis umsetzen, verändert Ihre bisherigen Denkgewohnheiten und hilft Ihnen, langfristig neue Handlungsmuster zu entwickeln. Veränderungen werden für Sie dadurch sicher nicht einfacher, aber mithilfe der Reflexionsfragen, Übungen und Methoden fallen Sie Ihnen vielleicht etwas *leichter*.

Gleichzeitig stellen Sie sicher, dass Sie die tückische »Lücke« zwischen Ihrem neu hinzugewonnenen Wissen und Ihrem Handeln überwinden. Denn spätestens seit dem Nirwana-Trugschluss wissen Sie, dass es viel wichtiger ist, direkt mit kleinen Schritten kontinuierlich zu starten, als sich immer wieder in lähmenden Wunschvorstellungen zu verlieren. Die einfache und doch schwierige Wahrheit ist: Damit sich etwas ändert, müssen wir anfangen, uns anders zu verhalten. Die Tatsache, dass wir Dinge schon immer so gemacht haben und uns an kritische Denkfehler schlicht gewöhnt haben, berechtigt uns noch lange nicht dazu, weiterhin wie die »Familie Feuerstein« oder die »Croods« durch das digitale und hochkomplexe 21. Jahrhundert zu poltern.

Insofern wünsche ich mir, dass die Gedanken dieses Buches wie ein kleiner, fest verdrahteter Lautsprecher in Ihrem Kopf wirken. Ein Lautsprecher, der Sie im Alltag immer wieder an die einzelnen Denkfallen erinnert und Ihnen regelmäßig zuflüstert: **Mind the gap!**

Zusammenfassung

Denkfalle	Darum geht's
1. Der Vogel-Strauß-Effekt	Kognitive Verzerrung, bei der wir versuchen, Probleme zu lösen, indem wir sie einfach ignorieren. Durch diese Vermeidungshaltung werden Probleme aber meist größer, komplexer und dadurch noch schwieriger zu lösen.
2. Das Kassandra-Syndrom	Unsere menschliche Tendenz, wichtige Warnungen, Hinweise oder Vorhersagen zu verharmlosen oder zu ignorieren, obwohl sie auf plausiblen und nachvollziehbaren Informationen basieren.
3. Der Frankenstein-Komplex	Unsere irrationale Angst vor künstlich erschaffenen Wesen oder fortschrittlichen Technologien. Sie führt dazu, dass wir innovative Forschung und neue Technologien ablehnen, behindern oder sogar bekämpfen.

Denkfalle	Darum geht's
4. Der Nirwana-Trugschluss	Beim Nirwana-Trugschluss lehnen wir eine wirksame Idee, Handlung oder Lösung ab und setzen sie nicht um, weil wir sie mit unrealistischen, idealisierten Alternativen vergleichen. Diese Denkfalle führt oft zu Stillstand, da praktikable Fortschritte blockiert werden, während die vermeintlich perfekte Lösung gleichzeitig unerreichbar bleibt.
5. Der Fluch des Wissens	Kognitive Verzerrung, bei der wir davon ausgehen, dass andere Menschen über das gleiche Wissen verfügen wie wir selbst – auch, wenn das nicht der Fall ist. Diese Fehleinschätzung erschwert eine effektive Kommunikation und beeinträchtigt unser Urteilsvermögen.
6. Die Truthahn-Illusion	Kognitive Verzerrung, bei der wir unreflektiert annehmen, dass vergangene Erfahrungen und Gewohnheiten verlässliche Indikatoren für zukünftige Ereignisse und Entwicklungen sind.

Denkfalle	Darum geht's
7. Der Ambiguitätseffekt	Unsere menschliche Tendenz, bei Entscheidungen lieber »auf Nummer sicher zu gehen«. Haben wir mehrere Alternativen, entscheiden wir uns in der Regel für die Option, die wir bereits kennen oder für die uns mehr Informationen vorliegen, selbst wenn uns diese weniger Vorteile oder sogar Nachteile bringt.
8. Der Naive Realismus	Beim Naiven Realismus nehmen wir an, dass wir die Welt immer so wahrnehmen, wie sie wirklich ist. Wir sind davon überzeugt, dass unsere subjektive Sicht auf bestimmte Themen und Zusammenhänge die einzig richtige sei und dass alle, die anders denken, entweder falsch informiert, unvernünftig oder voreingenommen sein müssen.
9. Der Tocqueville-Effekt	Der Tocqueville-Effekt beschreibt das paradoxe Phänomen, dass soziale Unzufriedenheit und revolutionäre Strömungen gerade dann zunehmen, wenn sich unsere Lebens- oder Arbeitsbedingungen bereits verbessert haben. Unsere Erwartungen steigen schneller als die von uns wahrgenommenen Fortschritte.

Denkfalle	Darum geht's
10. Das Gesetz der Trivialität	Sozialpsychologisches Phänomen, das zeigt, dass wir bei komplexen Problemen unsere Aufmerksamkeit oft auf einfache, leicht verständliche Details richten, während wir deutlich kritischere Themen vernachlässigen oder ignorieren.

Danke!

Dem Illustrator Ger Curti, der die Geschichten und Ideen hinter den Denkfallen in wunderbare Bilder übersetzt hat.

Dem Redline Verlag für die erneut sehr gute, offene und immer konstruktive Zusammenarbeit.

Der Architektin Andrea Stuhl, die mir immer wieder das Schreiben im wunderschönen und inspirierenden Tucherschloss in Feucht ermöglicht hat.

Carina Bayerlein und Sven Feilner für das Testlesen, die Gespräche und das wertvolle Feedback.

Meiner Frau Sandra, die mich mit tatkräftiger Unterstützung, ermutigenden Worten und viel Verständnis durch alle Phasen des Schreibens und Entstehens begleitet hat.

Über den Autor

Jens Möller, geboren 1978, ist Innovationsexperte, Berater und Redner. Seit vielen Jahren unterstützt er führende Unternehmen und öffentliche Institutionen dabei, festgefahrene Denkmuster zu durchbrechen und innovative Lösungen zu entwickeln. 2018 erschien sein erfolgreiches Buch *Die Da-Vinci-Formel* im Redline Verlag.

Mehr Infos: www.jensmoeller.com

Quellen und Literatur

Sammelbände und Kommentare

Spengler, Oswald: *Der Untergang des Abendlandes,* Vollständige Ausgabe, Band 1 (Gestalt und Wirklichkeit) & Band 2 (Welthistorische Perspektiven), Die berühmte geschichtsphilosophische Fortschrittskritik, Anaconda Verlag, München 2021.

Eigenständige Publikationen

Asimov, Issac: *I, Robot,* HarperVoyager, London 2013.

Cervantes, Miguel de: *The Ingenious Gentleman Don Quixote of La Mancha,* Part II, Chapter XVII, London 1871.

Cleveland, Harlan: *NATO: The Transatlantic Bargain,* Harper & Row, New York 1970.

Davies, James Chowning: *Toward a Theory of Revolution,* American Sociological Association, Philadelphia 1962.

Dudenredaktion (Hg.): *Duden - Redewendungen,* Wörterbuch der deutschen Idiomatik, Band 11, 2. Auflage, Dudenverlag, Mannheim/Leipzig/Wien/Zürich 2002.

Ellsberg, Daniel: »Risk, ambiguity, and the savage axioms«, *The Quarterly Journal of Economics,* Vol. 75(4), November 1961, S. 643–669.

Gingerenzer, Gerd: *Risiko - Wie man die richtigen Entscheidungen trifft*, Pantheon Verlag, München 2020.

Händeler, Erik: *Die Geschichte der Zukunft, Sozialverhalten heute und der Wohlstand von morgen / Kondratieffs Globalsicht*, Joh. Brendow & Sohn Verlag GmbH, 6. Auflage, Moers 2007.

Huxley, Aldous: *Proper Studies*, A Note on Dogma, Chatto & Windus, London 1927.

Klein, Stefan: *Wir alle sind Sternenstaub: Gespräche mit Wissenschaftlern über die Rätsel unserer Zeit*, S. Fischer Verlag, Frankfurt am Main 2010.

Lec, Stanisław Jerzy: *Myśli nieuczesane*, Wydawnictwo Literackie, Krakau 1957.

Marcus, Gary: *Murks: Der planlose Bau des menschlichen Gehirns*, Hoffmann und Campe, Hamburg 2009.

Marti, Kurt: *Der Traum, geboren zu sein*, Ausgewählte Gedichte, Nagel & Kimche im Hanser Verlag, München 2003.

Nin, Anaïs: *Seduction of the Minotaur*, 6. Auflage, Swallow Press, Chicago 1972.

NS&I (National Savings and Investments): *Annual Report and Accounts and Product Accounts 2011–12*, House of Commons Papers, London 2012.

Obama, Barack: *Ein verheißenes Land*, Penguin Verlag, München 2020.

Parkinson, C. Northcote: *Parkinson's Law and Other Studies in Administration*, John Murray, London 1957.

Russell, Bertrand: *The Problems of Philosophy*, Williams and Norgate, London 1912.

Shelley, Mary: *Frankenstein oder Der neue Prometheus*, Anaconda Verlag, München 2009.

Taleb, Nicholas Nassim: *Der Schwarze Schwan: Die Macht höchst unwahrscheinlicher Ereignisse*, Penguin Verlag, 2. Auflage, München 2020.

Tocqueville, Alexis de: *Der alte Staat und die Revolution*, Deutscher Taschenbuch Verlag, München 1978.

Warner, Jack L.: *My First Hundred Years in Hollywood*, Random House, New York 1965.

Watson, Hugh J. & Carroll, Archie B. (Hg.): *Computers for Business, A Book of Readings*, Business Publications, Irwin-Dorsey, Georgetown (Ontario) 1980.

Online-Artikel und -Studien

Camerer, Colin; Loewenstein, George & Weber, Martin: »The Curse of Knowledge in Economic Settings: An Experimental Analysis«, *Journal of Political Economy* 97 (5), S. 1232–1254, Link: https://www.cmu.edu/dietrich/sds/docs/loewenstein/Curseknowledge-EconSet.pdf (Letzter Abruf 30.07.2025).

Da Vinci, Leonardo: Leonardo da Vinci Forum, 02.09.2025, Link: https://davinci-forum.de/leonardo-da-vinci-zitate (Letzter Abruf 02.09.2025).

Davies, James Chowning: »Toward a Theory of Revolution«, *American Sociological Review*, 01.02.1962, S. 5–19, Link: https://scispace.com/pdf/toward-a-theory-of-revolution-238594jwy4.pdf (Letzter Abruf 30.07.2025).

Demsetz, Harold: »Information and Efficiency: Another Viewpoint«, *The Journal of Law & Economics*, Volume 12, Number

1, The University of Chicago Press Journals, April 1969, S. 1–22, Link: https://liberalarts.tamu.edu/pols/wp-content/uploads/sites/20/2021/07/Demsetz-Nirvana-Fallacy.pdf (Letzter Abruf 30.07.2025).

Dettmer, Markus: »Rund die Hälfte der Beschäftigten arbeitet teilweise im Homeoffice«, *DER SPIEGEL*, 20.05.2021, Link: https://www.spiegel.de/wirtschaft/soziales/corona-rund-die-haelfte-der-beschaeftigten-arbeitet-teilweise-im-homeoffice-a-20769741-40b6-4c96-adba-46784693e1e1 (Letzter Abruf 27.07.2025).

Dyvik, Einar H.: »Number of employees worldwide from 1991 to 2023«, *Statista*, 01.11.2023, Link: https://www.statista.com/statistics/1258612/global-employment-figures/ (Letzter Abruf 30.07.2025).

Galai, Dan & Sade, Orly: »The ›Ostrich Effect‹ and the Relationship between the Liquidity and the Yields of Financial Assets«, *Social Science Research Network*, 03.06.2004, Link: https://papers.ssrn.com/sol3/papers.cfm?abstract_id=431180 (Letzter Abruf 30.07.2025).

Gmyrek, Paweł; Berg, Janine & Bescond, David: »Generative AI and jobs: A global analysis of potential effects on job quantity and quality«, International Labour Organization, August 2023, Link: https://www.ilo.org/sites/default/files/wcmsp5/groups/public/@dgreports/@inst/documents/publication/wcms_890761.pdf (Letzter Abruf 30.07.2025).

Gregory, Andrew: »AI better than biopsy at assessing some cancers, study finds«, *The Guardian*, 01.11.2023, Link: https://www.theguardian.com/science/2023/oct/31/ai-better-than-biopsy-at-assessing-some-cancers-study-finds (Letzter Abruf 30.07.2025).

Habib, Hussam & Nithyanand, Rishab: »YouTube Recommendations Reinforce Negative Emotions, Auditing Algorithmic Bias with Emotionally-Agentic Sock Puppets«, 25.01.2025, Link: https://arxiv.org/pdf/2501.15048 (Letzter Abruf 30.07.2025).

Herzog, Roman: »Aufbruch ins 21. Jahrhundert«, Berliner Rede 1997 von Bundespräsident Roman Herzog, Der Bundespräsident, Link: https://www.bundespraesident.de/SharedDocs/Reden/DE/Roman-Herzog/Reden/1997/04/19970426_Rede.html (Letzter Abruf 27.07.2025).

Hellemann, Angelika: »Olaf Scholz trägt sie immer: Das Geheimnis hinter der Kanzler-Aktentasche«, *BILD.de*, 18.06.2022, Link: https://www.bild.de/politik/ausland/politik-ausland/olaf-scholz-traegt-sie-immer-das-geheimnis-hinter-der-kanzler-aktentasche-80442422.bild.html (Letzter Abruf: 30.07.2025).

Journal Med: »Zunahme von Depressionen bei Jugendlichen durch soziale Medien«, Infos für Patienten, MedTriX GmbH, 22.06.2023, Link: https://www.journalmed.de/patientenbereich/lesen/soziale-medien-machen-viele-teens-depressiv (Letzter Abruf 30.07.2025).

Lainer, Peter: »Darmkrebssymptome – Trotz Alarmzeichen gehen viele nicht zum Arzt«, *ÄrzteZeitung*, 04.09.2018, Link: https://www.aerztezeitung.de/Medizin/Trotz-Alarmzeichen-gehen-viele-nicht-zum-Arzt-231899.html (Letzter Abruf 30.07.2025).

MDR.DE: »Studie der Bertelsmann-Stiftung: Autokratien nehmen weltweit deutlich zu«, *MDR Wissen*, 16.10.2024, Link: https://www.mdr.de/wissen/demokratie-autokratie-zunahme-weltweit-100.html (Letzter Abruf 30.07.2025).

Metcalfe, Janet J.: »Learning from Errors«, *Annual Review of Psychology*, Band 68, S. 465–489, 07.09.2016, Link: https://www.columbia.edu/cu/psychology/metcalfe/PDFs/Learning%20

from%20errorsAnnual%20ReviewMetcalfe2016.pdf (Letzter Abruf 30.07.2025).

Milli, Smitha; Carroll, Micah; Wang, Yike; Pandey, Sashrika; Zhao, Sebastian & Dragan, Anca D.: »Engagement, User Satisfaction, and the Amplification of Divisive Content on Social Media«, *PNAS Nexus*, Band 4, Nr. 3, 05.03.2025, Link: https://academic.oup.com/pnasnexus/article/4/3/pgaf062/8052060 (Letzter Abruf 31.08.2025).

Müller, Andreas: »Bislang älteste menschliche Symbole in Israel entdeckt«, grenzwissenschaft-aktuell.de, 04.02.2021. Link: https://www.grenzwissenschaft-aktuell.de/bislang-aelteste-menschliche-symbole-in-israel-entdeckt20210204/ (Letzter Abruf: 30.07.2025).

Nasie, Meytal; Bar-Tal, Daniel; Pliskin, Roy; Nahhas, Elias & Halperin, Eran: »Overcoming the Barrier of Narrative Adherence in Conflicts Through Awareness of the Psychological Bias of Naïve Realism«, *Personality and Social Psychology Bulletin*, Band 40, S. 1543–1556, 2014, Link: https://www.researchgate.net/publication/264467920_Overcoming_the_Barrier_of_Narrative_Adherence_in_Conflicts_Through_Awareness_of_the_Psychological_Bias_of_Naive_Realism (Letzter Abruf 30.07.2025).

Newton, Elizabeth L.: *The rocky road from actions to intentions*, PhD Thesis, Stanford University, 1990, Link: https://creatorsvancouver.com/wp-content/uploads/2016/06/rocky-road-from-actions-to-intentions.pdf (Letzter Abruf 30.07.2025).

Popli, Nik & Lee, Chantelle: »The Biggest Moments From the First Debate Between Kamala Harris and Donald Trump«, *TIME*, 10.09.2024, Link: https://time.com/7019837/harris-trump-debate-highlights/ (Letzter Abruf 30.07.2025).

Podbregar, Nadja: »Wie aus Siegeln die erste Schrift wurde«, wissenschaft.de, 07.11.2024. Link: https://www.wissenschaft.de/

geschichte-archaeologie/wie-aus-siegeln-die-erste-schrift-wurde/ (Letzter Abruf: 30.07.2025).

Romero, Simon: »Wielding Rocks and Knives, Arizonans Attack Self-Driving Cars«, *The New York Times*, 31.12.2018, Link: https://www.nytimes.com/2018/12/31/us/waymo-self-driving-cars-arizona-attacks.html (Letzter Abruf 30.07.2025).

Rosling, Hans: »Die Welt wird immer besser«, *Frankfurter Allgemeine Zeitung*, 09.04.2018, Link: https://www.faz.net/aktuell/wirtschaft/die-welt-wird-immer-besser-32-gute-nachrichten-15524076.html (Letzter Abruf 30.07.2025).

Silvia, Paul J.: »Interest – The Curious Emotion«, *Current Directions in Psychological Science*, Band 17, 2008, S. 57–60, Link: https://citeseerx.ist.psu.edu/document?repid=rep1&type=pdf&doi=4cdbf51c8f3fa3c7b5f632db4c64f0b0626f5208 (Letzter Abruf 30.07.2025).

Smithsonian Institution: »Homo erectus«, Human Origins Program, National Museum of Natural History, Washington, D.C., 03.01.2024. Link: https://humanorigins.si.edu/evidence/human-fossils/species/homo-erectus (Letzter Abruf: 31.08.2025).

Tang, Miriam: »Netz-Wachstum – Zukunftsforscher dämpft die Hoffnungen«, *DER SPIEGEL*, 02.03.2001, Link: https://www.spiegel.de/netzwelt/web/netz-wachstum-zukunftsforscher-daempft-die-hoffnungen-a-120415.html (Letzter Abruf 30.07.2025).

Tenzer, F.: »Volumen der jährlich generierten/replizierten digitalen Datenmenge weltweit von 2010 bis 2022 und Prognose bis 2027 (in Zettabyte)«, *Statista*, Mai 2023, Link: https://de.statista.com/statistik/daten/studie/267974/umfrage/prognose-zum-weltweit-generierten-datenvolumen/ (Letzter Abruf 30.07.2025).

Trenczek, Jan; Lühr, Oliver; Eiserbeck, Lukas; Sandhövel, Myrna & Leuschner, Viktoria: »Bezifferung von Klimafolgekosten in

Deutschland«, Projektberichte und Studien, Prognos AG, 16.03.2023, Link: https://www.prognos.com/de/projekt/beziferung-von-klimafolgekosten-deutschland#allePDFs (Letzter Abruf 30.07.2025).

TÜV-Verband: »Künstliche Intelligenz im Gesundheitswesen – große Chancen, neue Risiken«, Pressemitteilungen, 27.10.2022, Link: https://www.tuev-verband.de/pressemitteilungen/kuenstliche-intelligenz-im-gesundheitswesen-grosse-chancen-neue-risiken (Letzter Abruf 30.07.2025).

Vernon, Dai: AZ Quotes, Link: https://www.azquotes.com/quote/878502 (Letzter Abruf: 31.08.2025).

Voigt, Kai-Ingo: »Industrielle Revolution«, Ausführliche Definition im Online-Lexikon, *Gabler Wirtschaftslexikon*, 27.09.2018, Link: https://wirtschaftslexikon.gabler.de/definition/industrielle-revolution-38116/version-334867 (Letzter Abruf 30.07.2025).

Weidinger, Anna-Lara: »Rekonstruktion einer Katastrophe. Was ist in der Flutnacht passiert? – Ein Protokoll«, *SWR Aktuell*, 23.06.2023, Link: https://www.swr.de/swraktuell/rheinland-pfalz/flut-rekonstruktion-ahrtal-protokoll-100.html#I (Letzter Abruf 30.07.2025).

World Health Organization: »Fact Sheet ›Cancer‹«, *Newsroom*, 03.02.2025, Link: https://www.who.int/news-room/fact-sheets/detail/cancer (Letzter Abruf 30.07.2025).

ZEIT ONLINE: »Nord Stream 2 – Ukraine und Litauen warnen vor Abhängigkeit von Russland«, Zeitverlag, 25.01.2019, Link: https://www.zeit.de/politik/ausland/2019-01/nord-stream-2-ukraine-litauen-bundesregierung-russland (Letzter Abruf: 30.07.2025).

Online-Videos und -Angebote

Duivestein, Sander: »Steve Ballmer Laughs At The iPhone«, *YouTube,* 06.07.2011, Link: https://www.youtube.com/watch?v=qycUOENFIBs (Letzter Abruf 30.07.2025).

Dylan, Bob: »The Times They Are a-Changin'« (Song), Columbia Records, New York 1964.

Futurium, »Lehrkräftefortbildung: Zukunftsforschung«, Online-Workshop, futurium.de, o. D., Link: https://futurium.de/de/lehrkraeftefortbildung-zukunftsforschung (Letzter Abruf: 30.07.2025).

Hawking, Stephen: TV-Dokumentation: »Into the Universe with Stephen Hawking«, Discovery Channel, 2010.

Anmerkungen

1 Marti, Kurt (2003): *Der Traum, geboren zu sein.*

2 Smithsonian Institution (2024): »Homo erectus«.

3 Müller (2021): »Bislang älteste menschliche Symbole in Israel entdeckt«.

4 Podbregar (2024): »Wie aus Siegeln die erste Schrift wurde«.

5 Voigt (2018): »Industrielle Revolution«.

6 Tenzer (2023): »Volumen der jährlich generierten/replizierten digitalen Datenmenge weltweit von 2010 bis 2022 und Prognose bis 2027«.

7 Galai (2004):»The ›Ostrich Effect‹ and the Relationship between the Liquidity and the Yields of Financial Assets«.

8 Lainer (2018): »Darmkrebssymptome – Trotz Alarmzeichen gehen viele nicht zum Arzt«.

9 NS&I (2012): *Annual Report and Accounts and Product Accounts 2011–12.*

10 Trenczek et al. (2023): »Bezifferung von Klimafolgekosten in Deutschland«.

11 Huxley, Aldous (1927): *Proper Studies*, S. 125.

12 ZEIT ONLINE (2019): »Nord Stream 2 – Ukraine und Litauen warnen vor Abhängigkeit von Russland«.

13 Weidinger (2023): »Rekonstruktion einer Katastrophe«.

14 Übersetzt aus: Cervantes, Miguel de (2016): *The Ingenious Gentleman Don Quixote of La Mancha*, S.408.

15 Vgl. Händeler (2007): *Die Geschichte der Zukunft*, S. 122.

16 Vgl. Spengler (2021): *Der Untergang des Abendlandes.*

17 DER SPIEGEL (1978): »Die Computer-Revolution – Fortschritt macht arbeitslos«.

18 Romero (2018): »Wielding Rocks and Knives, Arizonans Attack Self-Driving Cars«.

19 Rosling (2018): »Die Welt wird immer besser«.

20 Dyvik (2023): »Number of employees worldwide from 1991 to 2023«.

21 Übersetzt aus: Watson, Hugh J. & Carroll, Archie B. (1980): *Computers for Business*, S. 305.

22 Journal Med (2023): »Zunahme von Depressionen bei Jugendlichen durch soziale Medien«.

23 Übersetzt aus: Hawking, Stephen: TV-Dokumentation: »Into the Universe with Stephen Hawking« (2010).

24 Newton (1990): *The rocky road from actions to intentions.*

25 Camerer et al. (1989): »The Curse of Knowledge in Economic Settings«.

26 Duivestein (2011): »Steve Ballmer Laughs At The iPhone«.

27 Warner (1965): *My First Hundred Years in Hollywood*, S. 167f.

28 Tang (2001): »Netz-Wachstum – Zukunftsforscher dämpft die Hoffnungen«.

29 Übersetzt aus: Lec, Stanisław Jerzy (1957): *Myśli nieuczesane*, S. 54.

30 Russel (1912): *The Problems of Philosophy*, S.Xf.

31 Es handelt sich hierbei um die Bücher *Der Schwarze Schwan: Die Macht höchst unwahrscheinlicher Ereignisse* von Nassim Nicholas Taleb und *Risiko: Wie man die richtigen Entscheidungen trifft* von Gerd Gigerenzer.

32 Übersetzt aus: Dylan, Bob (1964): »The Times They Are a-Changin'« (Song).

33 World Health Organization (2025): »Fact Sheet ›Cancer‹«.

34 Gregory (2023): »AI better than biopsy at assessing some cancers«.

35 TÜV-Verband (2022): »Künstliche Intelligenz im Gesundheitswesen – große Chancen, neue Risiken«.

36 Ellsberg (1961): »Risk, Ambiguity, and the Savage Axioms«. Das Konzept des Ambiguitätseffekts wurde erstmals 1961 vom amerikanischen Ökonom Daniel Ellsberg entwickelt.

37 Dudenredaktion (2020): *Duden - Redewendungen,* S. 835.

38 Popli und Lee (2024): »The Biggest Moments From the First Debate Between Kamala Harris and Donald Trump«.

39 Übersetzt aus: Nin, Anaïs (1972): *Seduction of the Minotaur,* S. 124.

40 Dettmer (2021): »Rund die Hälfte der Beschäftigten arbeitet teilweise im Homeoffice«.

41 Tocqueville (1978): *Der alte Staat und die Revolution.*

42 Da Vinci, Leonardo: Leonardo da Vinci Forum.

43 Northcote (1957): *Parkinson's Law and Other Studies in Administration.*

44 Beispielhaft seien hier die Studien von Metcalfe (2016): »Learning from Errors« und Silvia (2008): »Interest – The Curious Emotion« genannt.

45 Vertiefende Auseinandersetzungen mit gesellschaftlich relevanten Themen bieten unter anderem qualitativ hochwertige Formate wie der Podcast *Lanz & Precht,* der YouTube-Kanal *MrWissen2Go* (Politik und Geschichte), die ARD-Dokumentation *Die Story im Ersten* sowie Print- und Onlinebeiträge in *Die Zeit.*

46 Vernon, Dai: »Don't make unimportant things important.«, – zugeschrieben (kein belegter schriftlicher Ursprung bekannt, mündlich überliefert).

47 Nasie et al. (2014): »Overcoming the barrier of narrative adherence in conflicts through awareness of the psychological bias of naïve realism«.

Stichwortverzeichnis

V

W

X

Y